بسم الله الرحمن الرحيم

رياض الأطفال
الكتاب الشامل

دار المناهج للنشر والتوزيع

عمان /الأردن / شارع الملك حسين

بنايــة الشركـــة المتحدة للتأمين

هاتف 4650624 فاكس 4650664

ص.ب / 215308عمان 11122 الأردن

Dar Al-Manahej

Publishers & Distributor

Tel : (00962 6) 4650624

fax: 009626 4650664

P.O.Box: 215308 Amman 11122 Jordan

www.daralmanahej.com

info@daralmanahej.com

fayiz@daralmanahej.com

خليفة، إيناس

الشامل في رياض الأطفال/إيناس خليفة.

عمان-دار المناهج، 2003

ر.إ. 2003/4/648

الواصفات : /رعاية الطفولة//التعليم قبل المدرسة//الأطفال//التربية//نمو الطفل// سيكولوجية الأطفال/

رياض الأطفال
الكتاب الشامل

تأليـف
إيناس عبدالرازق خليفة

دار المناهج للنشر والتوزيع

المحتويات

الفصل الثالث

نشأة علم نفس النمو وتطوره

الفصل الرابع

الخبرات التعليمية في الروضة ودورها

في تربية الطفل

الفصل الخامس

تقويم الطفل في الروضة

الفصل السادس

مشكلات الأطفال اليومية في مرحلة الروضة

الفصل السابع

الصحة البيئية للطفل

المقدمة

تعتبر مرحلة الطفولة المبكرة مرحلة مهمة وحساسة في حياة الفرد كما أجمع العلماء والباحثين لأن فيها تبدأ نواة الشخصية عند الطفل بالتشكل ويأخذ الذكاء بالظهور والتبلور، وتبدأ بتكوين اتجاهاته نحو الجماعة التي ينتمي إليها وإدراكا ته لآدابها في السلوك والشعور والعمل.

لذلك رأيت أن هذه المرحلة المهمة من حياة الطفل تستحق الاهتمام والرعاية، سواء على مستوى البيت أو الحضانة أو الروضة أو المجتمع.

كما وجدت من الضرورة الملحة أن أضع بين أيديكم أيها الآباء والمربين والمعلمين وكل من يهتم بموضوع الطفل كتاباً شاملاً يسلط الضوء حول موضوعات متنوعة مفيدة وعملية، تختص في كل ما يتعلق بالطفل منذ اليوم الأول في الروضة وحتى نهاية هذه المرحلة لأن هذه المؤسسة أي الروضة تعتبر حاجة ملحة تيسر للأطفال فرص النماء والتعليم والملاذ الذي يوفر لهم الارتباط العاطفي والتواصل مع مجتمع الروضة (المعلمة والأطفال).

يتضمن هذا الكتاب سبعة فصول تهتم بمراحل نمو الطفل ومناهجه وبرنامجه اليومي والمعلمة وكفايتها والمبنى والمرافق التي تتكون منها الروضة والنشاطات الخاصة بالطفل في هذه المرحلة، إلى غير ذلك من الخبرات والمعلومات المهمة ليسترشد بها واضعو المناهج والمشرفون والإدارات والتربويون وغيرهم من العاملين في مرحلة رياض الأطفال.

وفي النهاية لا أنسى أن أشكر الأخ فايز أبوشيخة مدير دار المناهج الذي قام بمراجعة الكتاب ووضع الملاحظات اللازمة.

وفقنا الله وسدد للخير خطانا لنرى في وطننا العربي الكبير جيلاً واعياً مثقفاً إن الله سميع مجيب.

إيناس خليفة

الفصل الأول

الوثيقة التربويـة في مرحلة رياض الأطفـال

تمهيد

أولاً: الأسس

ثانياً: الأهداف

ثالثاً: خصائص منهاج تربية الطفل

رابعاً: محتـوى المنهــاج

خامساً : تنظيم المكان في الروضـة

سادساً: الطرق والوسائل التربويـة

سابعاً: التقييـم

الفصل الأول

الوثيقة التربوية في مرحلة رياض الأطفال

تمهيد

وقد أقرت هذهِ الوثيقة الخطوط العريضة للتربية في مرحلة رياض الأطفال بموجب قرار مجلس التربية والتعليم رقم 90/12 بتاريخ 1990/4/4

أي أن مرحلة الطفولة المبكرة مرحلة حاسمة في حياة الفرد، فعلى حسن اختيارها يتوقف مستقبله المدرسي والأسري والمجتمعي، حيث في هذه الفترة من عمره تبدأ نواة الشخصية المستقبلية، ويبدأ الذكاء بالظهور والتبلور، وتبدأ اتجاهاته نحو الجماعة التي ينتمي إليها والشعور والعمل. ولذلك تستحق هذهِ المرحلة العناية الكبيرة من قبل جميع الأطراف سواء على مستوى البيت وخصوصاً الأم أو الحضانة والروضة والمجتمع، لذلك يجب أن لا تقتصر هذهِ الرعاية والاهتمام على توفير الرعاية الصحية والتغذية الملائمة فحسب، بل دائماً يجب توفير البيئة المناسبة والتي تتيح للطفل فرصة كبيرة للاستكشاف والعمل ليحقق الطفل من خلالها نماءه وتعلمه.

وتتضمن هذهِ الوثيقة الخطوط العريضة للتربية في مرحلة رياض الأطفال ليسترشد بها واضعو الأدلة والمشرفون والإدارات والتربويين وكل من يهتم بالطفولة بشكل عام.

أولاً : الأسس

لكي تحقق مرحلة أهدافها من نماء وتعلم فلا بد أن تراعي مناهجها الأسس النفسية والاجتماعية والفلسفية وفق المتطلبات التالية:

1- الطفولة مرحلة نوعية متميزة والطفل متميز تميزاً نوعياً في حاجاته وادراكاته وأنماط استجابته لها.

2- من حق الطفل أن يتمتع بطفولته على أن يحقق من خلالها المتعة وظهور شخصية مبدعة مستقلة له تعبر عن استقلالها بحرية في التعبير والاختيار.

3- أن يحقق نمائه العقلي والاجتماعي والروحي من خلال عملية داخلية عن طريق التفاعل الحر مع بيئته من خلال استكشافها والتواصل مع أفرادها والاستجابة لمثيراتها في التركيز والتخيل والتعبير.

4- ينطلق الطفل في نمائه وتعلمه من خلال خبراته السابقة وتفاعله مع بيئته أي أن عملية النماء والتعلم عمليتان متدرجتان فالنمو نتاج النضج والتعلم معاً.

5- تفاوت الأطفال في دوافعهم واهتماماتهم وقدراتهم لذلك يجب توفير بيئات تربوية لهم تكون متسعة وغنية بحيث يجد كل طفل ما يتلاءم مع حياته.

6- يتفاعل الطفل مع المواقف المختلفة في بيئته ويشارك فيها بعقله وعواطفه وبشكل متآلف (متناغم) لذلك يجب توفير الخبرات للأطفال التي توفر لهم نظرة تكاملية.

7- لا يكتسب الأطفال المعاني والأفكار على مختلف أنواعها بفعل خارجي فقط.

ثانياً : الأهداف

يهدف منهاج تربية الطفل في مرحلة رياض الأطفال بشكل عام إلى تطوير شخصية متكاملة للطفل تستمتع بالحياة والتعلم وتتسم بالاستقلالية والإبداع، وتعطيه القدرة على تحسين التعبير عن أفكاره ومشاعره والتواصل مع الآخرين وتجعله يميز بين المفيد والضار والحسن والقبيح والخير والشر مع من حولها وتستطيع أن تستكشف وتتكيف، وأن تحل مشكلاتها وأن تنضبط في سلوكها وتصرفاتها وأعمالها.

ويتم ذلك من خلال تيسير النماء والتعلم وفق الأسس سالفة الذكر، إن أهداف منهاج تربية الطفل في مرحلة رياض الأطفال تكون على النحو التالي:-

الهدف الأول:

تطوير ذكاء الطفل (قدرته على استكشاف بيئته وتمثلها والتطبع معها)

ويتطلب هذا الهدف ما يلي:-

1- تنمية حواس الطفل فهي أداة استكشاف بيئته وهي الأساس الـذي تقـوم عليـه قدراتـه في الـربط والتصميم والتجريد.

2- تنمية قدرة الطفل على إدراك أوجه التشابه والاختلاف بين الأشياء والأحداث والوسـط بينهما وعـلى التجرد وحل المشكلات البسيطة.

3- تطوير مفاهيم الطفل عن أشياء بيئته وعملياتها.

الهدف الثاني:

تطوير قدرة الطفل على التعبير اللغوي وغير اللغوي وعلى التواصل مع الآخرين

ويتطلب هذا الهدف ما يلي:-

1- إغناء مفردات الطفل وإغناء تراكيبه اللغوية.

2- تنمية مهارات الاستماع والحديث عند الطفل.

3- تنمية قدراته على التعبير اللغوي عن أفكاره وعواطفه.

4- تنمية الاستعداد القرائي والكتابي لدى الطفل.

الهدف الثالث:

بناء ثقة الطفل بنفسه وتعزيزها من خلال تقديره لإنجازه

ويتطلب هذا الهدف ما يلي:-

1- احترام اهتمامات الطفل وتعزيزها وتشجيعه على الاعتزاز بها.

2- تحرير الطفل من الاعتماد على الآخرين وتشجيع استقلاليته.

3- تعزيز وعي الطفل لتميزه عن الآخرين.

4- تشجيع الطفل على التأمل في الأعمال التي يقوم بها وعلى الانضباط الذاتي.

5- تشجيع الطفل على التعبير عن ذاته دون خوف أو تردد.

6- تعزيز إدارة الطفل مثل تنمية قدرته على الاختيار وإبداء الرأي.

الهدف الرابع:

تطوير قدرة الطفل على التفاعل الاجتماعي واستكشاف بيئته الاجتماعية

ويتطلب هذا الهدف ما يلي:-

1- تطوير إدراك الطفل لأداب السلوك والتعامل مع الكبار وضرورة الالتزام بها.

2- تطوير قدرات الطفل على التعاون والتعامل مع الآخرين.

3- تنمية النواحي الإيجابية عند الطفل من خلال نمو تقبل الآخرين واحترامهم ومد يد العون لهم.

4- تشجيع الطفل على خلق علاقات مع الآخرين.

5- تشجيع مشاعر الانتماء والمحبة للجماعة وللوطن الذي يعيش به.

الهدف الخامس:

تطوير قدرة الطفل على الحكم الأخلاقي

ويتطلب هذا الهدف ما يلي:-

1- تطوير قدرة الطفل على التمييز بين الخير والشر والحسن والقبيح والمفيد والضار والإيجابي والسلبي.

2- تطوير قدرة الطفل على إدراك المنفعة المتبادلة في علاقاته مع الآخرين.

الهدف السادس:

تنمية القيم الدينية ويتضمن هذا الهدف ما يلي:-

1- تطوير وعي الطفل للدين ولأهميته في حياة الناس.

2- غرس مبدأ الاحترام في نفس الطفل للممارسات والشعائر الدينية.

3- ترسيخ الإيمان بالله في قلب الطفل.

4- تعميق انتماء الطفل للدين الإسلامي عقيدة وسلوكاً وأيضاً توجهه إلى احترام دور العبادة والشعائر والمقدسات الإسلامية.

الهدف السابع:

إطلاق قدرات الطفل الإبداعية وتعزيزها ويتضمن هذا الهدف ما يلي:-

1- تشجيع الطفل على التعبير التلقائي الحركي واللغوي والفن.

2- تشجيع الطفل على اقتراح حلول المشاكل المحيطة به.

3- تشجيع الطفل على التساؤل وتنمية حب الاستطلاع لديه.

4- تنمية قدرة الطفل على استخدام المجازات والمماثلات.

الهدف الثامن:

تطوير قدرة الطفل على المحافظة على نفسه وصحته ويتضمن هذا الهدف ما يلي:-

1- تطوير وعي الطفل لحاجات جسمه.

2- تنمية وعي الطفل لعادات صحية سليمة.

3- تعريف الطفل بقواعد السلامة التي يحتاج إليها.

ثالثاً : خصائص منهاج تربية الطفل

يتميز منهاج تربية الطفل في رياض الأطفال بالخصائص التالية:

1- يتضمن الخبرة التعليمية: فالخبرة التعليمية هي أساس بناء المناهج وتأتي الخبرة من خلال تفاعله مع شيء أو شخص أو موقف ما، وهي تعبر عن المعنى الذي يحصل للطفل نتيجة تفاعله في الموقف، وحتى تحصل الخبرة التعليمية فلا بد أن يكون الموقف مثيراً للطفل ملائماً لحاجاته وقدراته ولا بد للطفل من أن يتفاعل فيه بحرية من دون تدخل يفسد عليه استمتاعه بالموقف وتركيزه على الأشياء فيه.

2- توجيهه نحو النماء وارتقاؤه بالطفل إلى مستويات أعلى من النماء في المنهاج والخبرات التي يشتمل عليها حيث تسهل نماء الطفل وتطور قدرته ومهاراته وخبراته في استكشاف الأشياء في بيئته ومعالجتها والتجريب عليها (المهارات والخبرات العلمية والرياضية).

- استخدام اللغة في جميع المواقف للتعبير عن استكشافاته ومشاعره والتواصل مع الآخرين.

- ♦ استكشاف التنوع في السلوك الاجتماعي وتأمل القواعد التي تعلم التفاعل الاجتماعي وتأسس علاقات اجتماعية كالصداقة مع الآخرين.
- ♦ تقبل ذاته والإحساس بتميزه (المهارات والقدرات الشخصية).
- ♦ استخدام إمكاناته الحركية والبدنية للتعبير عن عواطفه وأفكاره.

كما ينظم المنهاج الخبرات التي تؤدي بالطفل إلى مستوى أعلى من النماء فيطور أساليبه الاستكشافية والتفاعل مع الآخرين ومع نفسه والتعبير بيديه ولغته.

3- احترامه لحرية الطفل واستقلاليته في استكشاف ذاته وبيئته ويجب أن يعمل المنهاج على تقدير الطفل لتحمل المسؤولية والاختيار وصنع القرار.

4- توفيره بيئة غنية في داخل الروضة وخارجها مما يتيح للطفل النماء.

5- مراعاته للفوارق الفردية لدى الأطفال وتجاوبه معها مما يتيح لهم التقدم في نمائهم وتعلمهم ويجب أن تكون خبرات المنهاج غنية ومتنوعة في نوعها ومستواها مما يكسب المنهاج مرونة كافية لتلبية هذه الفوارق الفردية.

6- تكامله مع التربية الأسرية.

7- استخدامه اللعب كمدخل أساسي في إنماء الطفل.

8- تحديد دور جديد للمعلمة يتمثل في تصميم البيئة التربوية في الروضة وتنظيم استكشاف الطفل لها والتفاعل مع أشيائها وفي مراقبة الطفل وحسن توجيهه.

رابعاً : محتوى المنهاج

1- يتكون محتوى المنهاج من عدد من مجالات الخبرة كل مجال منها يتضمن خبرات تعليمية (أنشطة تعليمية) وهي تؤدي بالطفل إلى التوسع التدريجي في استكشافه ذاته وبيئته والأشخاص والجماعات من حوله وبأن يطور وسائله وأدواته التي يستخدمها في الاستكشاف.

2- نختار مجالات الخبرة للمنهاج وفق المعايير التالية:-

أ- ملائمتها لأهداف المنهاج سالفة الذكر وطواعيتها لتحقيقها.

ب- صلتها الوثيقة باهتمامات الطفل وبواقعه الاجتماعي أو الحياتي

ج- مرونتها وغناها على نحو يتيح لمعلمة الروضة الحرية في انتقاء الخبرات وتنظيمها لتلبية الفوارق الفردية بين الأطفال.

د- تكاملها مع التربية الأسرية والمجتمعية.

3- من مجالات الخبرة التي يقترح أن يتضمنها المنهاج المجالات التالية التي تدور على أبعاد رئيسية ثلاث هي:-

أ- تطوير ذات الطفل.

ب- استكشاف البيئة المادية.

ج- استكشاف الأشخاص والجماعات.

4- يحدد لكل من مجالات الخبرة المختارة ما يلي:-

أ- الأهداف المرجوة تحقيقها منه وتوضع هذه الأهداف على نحو يوضح القدرات النمائية والمهارات والعادات والأفكار المستهدفة.

ب- بدلاً من الخبرات (الأنشطة) التعليمية المرتبة يتيح لمعلمة الروضة فرصة كافية في الاختيار والتصميم وفق خصوصيات أطفالها وروضتها.

ج- المواد والأدوات والتجهيزات الملائمة لتشغيل مجالات الخبرة.

د- دور الطفل ودور معلمة الروضة في تفعيل الخبرات (الأنشطة التعليمية).

هـ- الطرق التربوية الملائمة.

خامساً : تنظيم المكان في الروضة

يكون تنظيم المكان الداخلي للروضة (قاعات الصفوف والنشاطات المكتبية) على نحو يتيح تنفيذ كافة مجالات الخبرات بشكل سليم ومع أن فكرة الأركان الثابتة تتيح تنظيماً ملائماً للمكان الداخلي في الروضة إلا أن طبيعة كل مجال من مجالات الخبرة تفرض أن يتغير تنظيم المكان بين الحين والحين على نحو تنعكس فيه بوضوح هذهِ الطبيعة.

ينظم المكان الخارجي للروضة (الساحات والملاعب) ويجهز على نحو يتيح تنفيذ كافة المجالات المختارة من الخبرة.

سادساً : الطرق والوسائل التربوية

حتى يحقق النماء والتعلم أهدافهما يجب استخدام طرق ووسائل تربوية ملائمة منها:

1- **اللعب والألعاب:** يمثل اللعب طريقة أساسية من الطرائق التربوية في الروضة فاللعب نشاط طبيعي للأطفال يوفر لهم الفرص العديدة للنماء والتعلم، فمن خلاله يطور الأطفال حواسهم وقدراتهم ويعبرون عن مشاعرهم وإبداعهم ويحتاج الأطفال في لعبهم إلى أدوات لعب ومواد جذابة لهم ملائمة لقدراتهم ومصممة لتحافظ على سلامتهم.

ومن هذه الأدوات والمواد (المواد الحسية وأدوات النشاط ومواد التركيب والكتب المصورة والتسجيلات ومواد الفن والألعاب اليدوية.

2- **الدراما:** وهي طريقة هامة من طرق التربية بالنسبة للطفل حيث توظف نشاط الطفل التمثيلي التلقائي من أجل النماء والتعلم ويتاح له تمثيل الأدوار المختلفة في المواقف الحياتية والخيالية المتنوعة ضمن إطار حر وموجه وتؤدي هذهِ الطريقة إلى تنمية حب الاستطلاع لدى الطفل وتنمي قدرته على التكيف وخياله وإبداعه وإثراء لغته وذلك من خلال تمثيل وتأليف القصص ولعب الأدوار والتمثيل الصامت والحركة واستخدام الدمى.

3- **القصة:** تهدف هذهِ الطريقة إلى تسلية الطفل وإمتاعه وتنمية قدراته اللغوية وتطوير قدرة التركيز والانتباه والملاحظة الدقيقة ويشترط في القصة لهذهِ المرحلة أن تكون فكرتها واضحة ومتسلسلة في أحداثها ويمكن أن تحتوي على صراعاً أو مشكلة ما حول مفاهيم إنسانية مؤثرة.

4- **الرحلات والزيارات:** وهي عبارة عن نشاط منظم يقوم به مجموعة من الأطفال بإشراف المعلمة ويقصد منه التعرف على البيئة المحلية.

5- **الموسيقي والأناشيد والغناء:** في هذه الطريقة يقوم الطفل بممارسة قدراته للتعبير عن الذات ضمن إطار حر وموجه، وتؤدي هذهِ الطريقة إلى تنمية إحساسه وذوقه وقدراته على الاستمتاع كما تؤدي إلى تنمية عضلاته.

6- **الفنون:** تقوم هذه الطريقة بإتاحة الفرصة للطفل بالتعبير الرمزي بالرسم والتشكيل

ضمن إطار حر وموجه لتعميق إحساسه بالجمال والذوق الفني.

7- **الحركة:** وهي وسيلة لتعميق إحساس الطفل وإدراكه الحركي عـن طريق اسـتخدام جسـمه كـأداه للتعبير عن ذاته.

سابعاً : التقييم

1- يجب أن يركز تقييم الطفل على ما حققه من نماء وتعلم عـلى ضـوء الأهـداف المتوخـاة، وأن يـستخدم لذلك الأدوات والوسائل كالملاحظة واختبارات النماء وتشخيص القدرات.

2- يجب أن يتناول تقييم المنهاج بالإضافة إلى تقييم نماء الطفل وتعلمه ما يلي:-

أ- تقييم فاعلية استخدام المعلمة للوسائل والطرق التربوية.

ب- ملاحظة الخبرات المصممة في المجالات المختلفة لقدرات الأطفال وللأهداف المتوخـاة منهـا وتقييم مدى سلامة تنظيمها.

جـ- تقييم آثار المنهاج على أسر الأطفال.

د- تقييم آثار المنهاج على مستقبل الأطفال.

معلمة رياض الأطفال وكفاياتها الشاملة

تلعب معلمة الروضة دوراً أساسياً وفاعلاً في بناء شخصية الطفل بما تتمتع به مـن قيم وأخـلاق حميـدة وبما تتحلى به من معارف ومعلومات وبما تتقنه من مهارات مما يجعل منها أمـاً مثاليـة ومربيـة قـديرة ومعلمـة جديرة بالاحترام إذاً يجب أن تتحلى بأخلاق حميدة وكريمة وتكون على قدر من العلم والثقافة واللياقـة تمكنهـا من إشباع حب الفضول عند الطفل.

وتعتبر مهمة التعليم في رياض الأطفال مهمة ذات مسؤولية كبيرة لكي تتمكن معلمة رياض الأطفال مـن القيام بدورها على أكمل وجه وتنفيذ مهماتها التعليمية والقيام بمـسؤولياتها بفاعليـة لـذلك فإنهـا بحاجـة إلى العديد من الكفايات الأساسية في المجالات العقلية المعرفية والجسدية والحركية والانفعالية الوجدانية.

مواصفات المعلمة في رياض الأطفال

ورد في تحقيق الحلقة الدراسية التي عقدها المجلس العربي للطفولة والتنمية في القاهرة مـن 3-6 يونيـو 1989 وكان عنوانها **(رياض الأطفال في الوطن العربي بين الواقع والمستقبل) ما يلي ....**

إن تحقيق الأهداف المنشودة لرياض الأطفال يتوقـف في المقام الأول عـلى المعلمـة التـي يلقى عليها مسئولية تربية أطفال الفئة العمرية مـن 3-6 سنوات ومـن ثـم يبـرز الـدور المهـم لمعلمة رياض الأطفال المتخصصة والمعدة إعداداً تربوياً، ولذلك فإن قضية إعداد هذه المعلمـة لم تعد عمليـة عـشوائية بـل أصبحت تستند إلى التخطيط المبني على أسس علمية وبناء على نتائج البحوث المعـاصرة والخـبرات المكتـسبة في هذا المجال ووضعت الندوة مجموعة شروط لاختيار معلمة رياض الأطفال ... وهي:-

1- أن تكون لديها رغبة حقيقية للعمل مع الأطفال في مرحلة الروضة.

2- أن تتمتع بالاتزان الانفعالي.

3- أن تكون لديها القدرة على إقامة علاقات اجتماعية إيجابية مع الأطفال والكبار.

4- أن تكون سليمة الجسم والحواس وأن تكون خالية من العيوب الجسمية التي يمكـن أن تحول دون تحركها بشكل طبيعي وبحيوية مع الأطفال.

5- أن تكون لغتها سليمة ولا تعاني من أي مشكلة في النطق.

6- أن تكون على خلق يؤهلها لأن تكون مثلاً يحتذى به وقدوة بالنسبة للأطفال في كل تـصرفاتها ... بـما في ذلك اهتمامها بلبسها ومظهرها العام .....

7- أن تتمتع بقدر من الذكاء يسمح لها بالاستفادة من فرص التعليم والنمو المهنـي بـما يعـود بالفائـدة عليها وعلى الأطفال.

8- أن تتمتع بالمرونة الفكرية التي تساعد على الابتكار وأخذ المبادرة في المواقف التي تواجهها ....

الأدوار والمهام الرئيسية التي تقوم المعلمة بها في رياض الأطفال

لعل تحليل أدوار معلمة رياض الأطفال يساعدنا على تحديد الخصائص والصفات والكفايات التي ينبغي أن تتوافر في المعلمة الناجحة .... ويمكننا تصنيف أدوار معلمة الروضة في ضوء ثلاثة محاور رئيسية وهي:-

المحور الأول .... ويتعلق بدور المعلمة نحو طفل الروضة.

المحور الثاني .... ويتضمن دور المعلمة نحو ذاتها.

المحور الثالث .... ويتعلق بدور المعلمة نحو تحقيق متطلبات المجتمع.

وفيما **يتعلق بالمحور الأول والمتعلق بدور المعلمة نحو الطفل** ... فإن المتطلبات الأساسية لهذا الدور تتخلص في أن تكون المعلمة قادرة على ما يلي:

1. توفير الظروف المناسبة لتحقيق جوانب النمو المختلفة للطفل على نحو متكامل جسمياً ونفسياً وحركياً.
2. إثارة دافعية الطفل للتعلم.
3. تشجيع الطفل على اكتساب الخبرات ذاتياً وبإشرافها.
4. مساعدة الطفل على اكتساب المفاهيم وتنميتها لكونها اللبنة الأولى للتفكير العملي.
5. تدريب الطفل على المهارات الأساسية المساعدة له على التعلم واكتساب الخبرات.
6. توجيه سلوك الأطفال لتكوين العادات السليمة والبعد عن العادات السيئة.
7. غرس القيم والاتجاهات التربوية المرغوب فيها في المجتمع.
8. إتاحة الفرص المناسبة أمام الطفل للتعبير عن نفسه وعن مشاعره في مختلف المهارات.
9. تهيئة البيئة التي توفر للطفل الأمان والاطمئنان والاستقرار النفسي.
10. تقوية الصلة بين الطفل والبيئة المحيطة به.

أما فيما يتعلق **بالمحور الثاني والخاص بدور معلمة رياض الأطفال تجاه ذاتها** فإن المتطلبات الأساسية تتلخص فيما يلي:-

1- الاقتناع بأهمية مرحلة الطفولة وأثرها في نمو شخصية الفرد.

2- تأكيد الدور التربوي المهم الذي تؤديه معلمة الروضة المتخصصة والمؤهلة علمياً وتربوياً.

3- سعي المعلمة في رياض الأطفال نحو تطوير ذاتها ورفع كفاءتها وتوسيع دائرة خبرتها بمختلف المجالات.

4- الإيمان بأهمية التعاون والعمل الجماعي وبدورها على أنها قدوة حسنة بالنسبة للأطفال.

5- احترام أخلاقيات المهنة والاعتزاز بالانتماء لها.

6- الاهتمام بقضايا مجتمعها وتوظيفها في عملها مع الأطفال.

ويتطلب **المحور الثالث والخاص بدور المعلمة** في المجتمع ما يلي:-

1. قيام المعلمة بدورها على أنها حلقة وصل بين الطفل والمجتمع، وأن تعمل على إثراء وتثقيف المجتمع المحلي عبر سياسة الباب المفتوح للروضة.

2. أن تعرف المعلمة البيئات الثقافية والاجتماعية التي يأتي منها الأطفال، وأخذها في الحسبان من أجل تحقيق الاستمرارية والتكامل في خبراتهم.

3. تطوير الخدمات التربوية التي تقدمها الروضة لتصل إلى الأسر في بيوتها توظيف الإمكانات البشرية المتوافرة في بيئة الطفل من أجل إثراء العملية التعليمية.

كفايات معلمة رياض الأطفال

إن تحديد وتحليل أدوار معلمة رياض الأطفال هو نتاج لحركة تربوية ظهرت منذ الستينات من القرن الحالي خاصة في برامج إعداد المعلم. عرفت باسم " **إعداد المعلم بناء على الكفايات المطلوبة منه إتقانها في عمله** ".

وظهرت البحوث والدراسات التي تحاول تحديد كفايات المعلم في التخصصات المختلفة وفي المراحل التعليمية المتعددة، وتعرف الكفاية بأنها سلوك يتضمن المعارف والمهارات والاتجاهات التي يعتقد أنها ضرورية للمعلم، إذا أراد أن يعلم تعليماً فعالاً وبذلك يرتبط مفهوم الكفاية بالعناصر التالية:-

1- أدوار ومهام المعلمة.

2- الأداء الذي تظهره المعلمة

3- المعلومات والقيم التي تتحلى بها المعلمة في عملها.

ويمكن تقسيم كفايات المعلمة إلى ما يلي:

أولاً : الكفايات اللازمة لتخطيط التعليم في رياض الأطفال:

1- تجمع البيانات اللازمة عن الأطفال التي تشرف عليهم، والتي تساعدها على تخطيط البرامج المناسبة لهم.

2- تختار الأهداف التربوية المناسبة للمرحلة والظروف الاجتماعية والاقتصادية المتوفرة في الروضة.

3- تحدد المصادر المتنوعة التي يمكن الإفادة منها عند تخطيط برامج الأطفال.

4- تنوع البرامج التي تخططها للأطفال، بحيث يتم بعضها داخل غرفة الصف وبعضها خارجها.

5- تعد البرامج للأطفال

أ.   تحدد مجالات الوحدة.

ب.   تصوغ الأهداف سلوكياً.

ج.   تحدد الأنشطة التعليمية التي تساعدها في تحقيق الأهداف.

د.   تختار أساليب تعامل مناسبة للأطفال.

ه.   تختار الأدوات والحاجات اللازمة لتنفيذ البرنامج.

و.   تحدد أساليب التقييم التي سوف تستخدمها.

ثانياً : الكفايات اللازم توافرها للإعداد للتعليم في رياض الأطفال

1- تهيئة البيئة التربوية الملائمة لنمو الأطفال ولإتاحة الفرصة لظهور مواهب الأطفال.

2- تعد الأدوات والخامات والوسائل لتنفيذ البرنامج اليومي سواء داخل الحجرة أو خارجها.

3- تختار ألعاباً تربوية للأطفال يمارسونها داخل الحجرة أو خارجها.

ثالثاً : الكفايات اللازم توافرها لتنفيذ البرامج في رياض الأطفال:

1- تثير دافعية الأطفال للنشاط والمشاركة في تنفيذ البرامج.

2- تنوع في الأنشطة وطرق التعامل مع الأطفال.

3- يستخدم أسلوب التعزيز الفوري والمستمر.

4- تبتعد عن أساليب التخويف.

5- تراعى الفروق الفردية بين الأطفال.

6- تستخدم لغة بسيطة مع نطق سليم وتدعيم حديثها بالأمثلة والتشبيهات.

7- تسمح للأطفال بالتعبير عن أنفسهم ودوافعهم ورغباتهم دون تردد أو خوف.

8- نترك للأطفال الحرية في ممارسة الأعمال، التي تتمشى مع اتجاهاتهم الداخلية في حدود النظام مع إرشادهم لأماكن ممارسة الأنشطة المختلفة.

9- تهيئ الظروف المناسبة للأطفال ذوي الحاجات الخاصة.

10- تعد الأنشطة التي تساعد على النمو الحركي عند الأطفال.

11- تساعد الأطفال على تكوين عادات صحية وغذائية سليمة.

12- تقوم بعملية التنشئة الاجتماعية للأطفال، وتساعدهم على تكوين علاقات اجتماعية سليمة مع أقرانهم من الأطفال ومع الكبار.

13- تكون مرنة عند تنفيذ التخطيط الذي قامت به.

14- تساعد الأطفال على تكوين ميول جديدة عن طريق علاقاتهم مع غيرهم من الأطفال وممارستهم الأنشطة المختلفة.

15- تهتم بالتنمية العقلية للأطفال وتساعدهم على الفهم وإدراك العلاقات وحل المشكلات والابتكار في حدود قدراتهم العقلية.

16- تكون قادرة على تنفيذ الأنشطة المتنوعة التي تساعد على اكتساب المهارات الفنية.

17- تختار القصص المناسبة للأطفال وتقصها عليهم بطريقة شيقة ومثيرة.

18- تلاحظ الأطفال أثناء ممارستهم الأنشطة مع توجيه الإرشادات والتدخل إذا دعت الضرورة.

19- تستغل ما لدى الأطفال من قدرات وإمكانات ومهارات في تنفيذ بعض جوانب البرنامج الذي يتناسب مع مرحلتهم العمرية.

20- تساعد الأطفال على اتخاذ القرارات السليمة والمناسبة لهم.

21- تنوع الأنشطة حسب البيئة المحيطة واهتمامات الأطفال وتحاول باستمرار ربط أنشطة الطفل بأنشطة المجتمع المحيطة به.

22- تربط ببين المفاهيم الجديدة للطفل والمفاهيم السابقة له.

23- تعوِّد الأطفال على استخدام الكتب بما تزود به غرفة الصف بالعديد والمتنوع من كتب الأطفال المصورة.

24- تتيح فرص التعلم الذاتي للأطفال بأن تترك للأطفال الفرصة لتصحيح أخطائهم بأنفسهم تحت إرشاد المعلمة.

25- تعوِّد الأطفال المحافظة على نظافة وترتيب المكان وما يتسخدمونة من ألعاب وأدوات وخامات.

26- تحافظ على نظافة وجمال البيئة المحيطة بالأطفال داخل الروضة وتشركهم معها في هذه المسؤولية من خلال القيام بهذه الأعمال.

رابعاً : الكفايات اللازمة لإدارة العملية التعليمية في رياض الأطفال:

1- استخدام الإمكانات والموارد المتاحة للمعلمة.

2- تستخدم أسلوباً جماعيا وتشاورياً في التعامل مع الأطفال.

3- تحسن توزيع المسؤوليات على الأطفال بما يتمشى مع قدراتهم واستعداداتهم.

4- توجه الأطفال توجيهات بناءة بما يتطلبه الموقف، سواء كان توجيهاً فردياً أو جماعياً.

5- تساعد الأطفال على حل مشكلاتهم والتصرف السليم في المواقف المختلفة.

6- تعمل على تأكيد روح التعاون بين الأطفال من خلال الأعمال المشتركة.

7- تساعد الأطفال على التفرقة بين الحرية الفردية والفوضى والسلوك البيئي.

8- تساعد الأطفال على ممارسة الحرية الفردية مع عدم المساس بحرية الآخرين.

خامساً : الكفايات اللازمة للتفاعل مع الآخرين في رياض الأطفال:

1. تكوِّن علاقات طيبة مع الأطفال وأولياء أمورهم وزملائها ورؤسائها.
2. تستمع باهتمام لما يريد أن يقصه الطفل.
3. تسمح للأطفال بإبداء آرائهم وتحافظ على مشاعرهم.
4. تشارك في أوجه النشاط بالروضة وخارجها.
5. تجرى اجتماعات مع أولياء أمور الأطفال للتنسيق بين أساليب التربية في المنزل وفي الروضة.
6. تراعى المساواة في معاملة الأطفال.
7. تساعد الأطفال على تكوين علاقات طيبة مع بعضهم البعض.
8. تكون علاقات فردية بينها وبين كل طفل على حدا.
9. لا تكثر من الأوامر والنواهي الموجهة للطفل.

10. تسمح للأطفال بالتعبير عن حاجاتهم ورغباتهم وميولهم وقدراتهم.

11. تتقبل في صبر أخطاء الأطفال وتساعدهم على تصحيحها.

12. تصدر توجيهاتها في رنة صوتية مشبعة بالحب ومعززة بوجه صبوح.

سادساً : الكفايات اللازمة للتقييم في رياض الأطفال

1- تقييم البرنامج التعليمي من خلال ما يظهره الأطفال من تقدم وتحسن في سلوكهم ومعلوماتهم ومهاراتهم.

2- تقوم بعملية تقييم ذاتي لنفسها وأهدافها وأنشطتها وطرق تفاعلها مع الأطفال وأساليب التقييم التي اتبعتها في تقييم برنامجها.

3- تفسر نتائج التقييم للوقوف على النواحي الإيجابية والنواحي السلبية في عمليتها التربوية.

4- تعالج نقاط الضعف التي تكتشفها في التقييم وتدعم نواحي القوة.

سابعاً : الكفايات اللازمة للنمو المهني في رياض الأطفـال

1- تتابع الجديد في مجال التربية عامة ورياض الأطفال خاصة.

2- تتعلم المهارات التي تعزز عملها مع الأطفال.

3- تحاول أن تستفيد من خبرات زملائها، ورؤسائها في مجال عملها.

الفصل الثاني

مؤسسات رياض الأطفال

مكونات مؤسسة رياض الأطفال:

أولاً: المبنى العام لمؤسسة رياض الأطفـــال

ثانياً: التنظيم الإداري لمؤسسة رياض الأطفال

ثالثاً: إدارة الروضــــة

الفصل الثاني
مؤسسات رياض الأطفال

مكونات مؤسسة رياض الأطفال

إن لهذه المؤسسة المهتمة بشؤون الأطفال في سن مبكرة شروط تلزمها بها الجهات المختصة مثل وزارة التربية والتعليم وهذه الشروط تقوم على أساس تنظيم هذه المؤسسة من ناحية المبنى العام، والتنظيم الإداري في المؤسسة والبيئة القائمة على رعاية الأطفال والمناهج، والبرنامج اليومي وفيما يلي أهم هذه الأسس.

أولاً : المبنى العام لمؤسسة رياض الأطفال

نظراً لأهمية طبيعة هذه المرحلة تبرز أهمية المكان المخصص للأطفال في الروضة لذلك يجب أن يكون موقع رياض الأطفال بعيداً عن الأماكن التي يوجد بها ضوضاء أي في مكان هادي وكذلك تكون مستوفية للشروط الصحية حسب نظام وزارة الصحة وتكون واسعة ويدخلها الهواء والشمس لأن هذا بدوره يؤثر على الصحة العامة والحياة النفسية للأطفال.

ويجب أن تتوفر في مؤسسة رياض الأطفال غرف كافية مناسبة لعدد الأطفال ذات سعة كافية تتمتع بتهوية جيدة كذلك يجب أن تتوفر في هذه الغرف عدد كافي من النوافذ الواسعة والإنارة والتكييف المناسب وكذلك الأدوات والأثاث والمواد المناسبة والكافية لكي يتمتع الأطفال في غرفهم الصفية ولكي يتوفر مكان مناسب للتعلم واكتساب الخبرات وأيضاً عدد مناسب من الرفوف المليئة بالألعاب التعليمية المفيدة والمناسبة لعدد الأطفال.

ويجب أن تتوفر في مؤسسة رياض الأطفال مرافق صحية مناسبة لعدد الأطفال ومناسبة لحجم الأطفال كالمغاسل وتكون مستوفية لشروط النظافة أما بالنسبة للساحات الخارجية والملاعب فيجب أن تكون واسعة بحيث يتحرك الأطفال بكل راحة وحرية وهذا يمكن الطفل من زيادة نشاطه الحركي وتطويره وتكون مستوية مفروشة بالرمل ولا يوجد بها عوائق تحد من نشاط الطفل وتكون بعيدة عن أي من الأخطاء وفيها حماية كافية من البرد وأشعة الشمس بتغطية مناسبة.

33

أما بالنسبة للألعاب والأثاث في مؤسسة رياض الأطفال فيجب أن تتناسب مع قدرات الأطفال الحيوية بحيث يكون حجم الأثاث صغيراً وهذا له فائدة مهمة بحيث يساعد الأطفال على الانسجام وكذلك يكون بسيطاً ومصنوعاً من مادة خفيفة ويكون الأثاث من النوع المتحرك حتى يستطيع الطفل تحريكها وحملها بسهولة ومن ناحية أخرى فيجب أن تنظم الوسائل والأدوات والألعاب التي يحركها بيديه لكي تتناسب مع قدرات الطفل وهذا يجعل الأطفال أكثر انسجاماً وتوافقاً مع المرافق التعليمية ولهذا يجب أن يكون الصف في هذه المرحلة المهمة منظم ويثير الدافعيه للطفل ويكسبه الخبرات المهمة لحياته في المستقبل.

وأما من حيث تقسيم الصف إلى عدد من الأركان يختص كل منها بالموضوعات التي يتعلمها الطفل مثل ركن البيت وهذا بدوره يعرفه بأهم الأدوات التي تستخدم في البيت وركن المكتبة وهذه تعمل على تنمية قدرة الطفل على القراءة والكتابة والتعبير وركن الموسيقي الذي بدوره ينمي القدرات السمعية والانفعالية وركن الفن الذي بدوره ينمي الذوق لدى الطفل إلى جانب إعطائه القدرة على التمييز بين الألوان والأشكال المختلفة.

ثانياً : التنظيم الإداري في مؤسسة رياض الأطفال

حين نتكلم عن التنظيم الإداري فإننا نعني بذلك البنية الهيكلية في مؤسسة رياض الأطفال وهذه البنية تعد المسئولة الأولى عن تقديم الخدمات للأطفال والاهتمام بهم ورعايتهم من المدير العام لهذه المؤسسة إلى المعلمين إلى المسؤولين عن النظافة إلى السائقين، إلى الحراس وكل هؤلاء يقوموا برعاية الأطفال وتلبية حاجاتهم.

وهذا التنظيم الإداري يقوم بتحقيق أهداف رياض الأطفال بصورة شاملة متكاملة من الناحية الجسدية والعقلية والاجتماعية والانفعالية وأن أي مؤسسة تعتبر نفسها نموذجية يجب أن تقوم على بنية هيكلية تنظيمية تساعد على تحقيق الأهداف المرجوة منها بشكل شامل ومتكامل

ويجب أن تكون العلاقة القائمة بين البنية الهيكلية لمؤسسة رياض الأطفال يسودها التفاهم والتعاون التام والتنسيق داخل الإدارة والهيئة التدريسية والتعاون في تقديم الخدمات لأطفال هذه المؤسسة.

إدارة الروضــة

اختيار العاملين بالروضة

يتوقف نجاح أي روضة منشئة حديثاً للقيام برسالتها التربوية على حسن اختيار العاملين بها من مديرة ومعلمات وعاملات وسائقون، والروضة الجيدة تقوم بتهيئة العاملين ليعملوا على إيجاد بيئة جيدة وصحية للطفل بحيث تقوده إلى التفوق والإبداع والاتجاه السليم في حياته المستقبلية وأيضاً عليها أن تعمل على تكوين عادات جيدة لإعداد الطفل ذهنياً لتقبل التعليم في المرحلة الأساسية والأهم من ذلك أنها تقوم بتوفير فرص تربوية لنمو الطفل وتطويره وتوجيهه وأيضاً إقامة علاقات تعاون بين الروضة والأهل لتحقيق هـذه الأهداف خارج الروضة وتزويدهم بالخبرة الكافية من أجل ذلك الهدف السامي.

تعريف الطفل بالروضة:

ويهدف هذا المحور إلى:

1. أن يتعرف الطفل على اسم الروضة.
2. أن يتعرف على مظهرها الخارجي.
3. أن يتعرف على كل من يعمل فيها.
4. أن يتعرف على المرافق والتجهيزات الموجودة فيها.

كيف تستقبل المعلمة طفل الروضة:

ويهدف هذا المحور إلى ما يلي:

1. أن يشعر الطفل وهو في داخل الروضة بالأمن والطمأنينة.
2. أن يشعر أن هناك تقبل له من قبل المعلمة.
3. أن يشعر بالتكيف مع بيئة الروضة الجديدة.

تعريف الطفل بمعلمته وزملائه في الصف:

ويهدف هذا المحور إلى ما يلي:

1. أن يتعرف إلى معلمة صفه.

2. أن يتعرف على اسم معلمته وينطقه نطقاً سليماً.
3. أن يعرف ويحفظ اسم صفه.
4. أن تشعر المعلمة الطفل بالطمأنينة والتقبل.
5. أن يستجيب للنظام والتعليمات ويقوم بتطبيقها.

الوسائل والأساليب التي تستخدمها المعلمة:

1. أن تقوم المعلمة باستقبال الطفل بنفسها في اليوم الأول بالروضة لأن الطفل بطبيعته يرتبط بالشخص الأول الذي يقابله.
2. هناك أطفال سرعان ما يندمجوا في بيئة الروضة وهناك أطفال يشعرون بالخوف من الانفصال عن الأم من ناحية ومن الدخول إلى بيئة جديدة لا يعرفونها من ناحية أخرى.
3. يظهر هذا الشعور على شكل بكاء وصراخ وتعلق شديد بالأم، ومن الأطفال من يراقب الأوضاع الجديدة بصمت وبحذر وتخوف. وإذا نجحت المعلمة بإشعار الأطفال بالمحبة والأمن فإنها قد تكون نجحت إلى حد كبير في مساعدتهم على التكيف مع الروضة.
4. قبل دخول الطفل للروضة يجب على المعلمة مقابلة الأم وأخذ معلومات كافية عنه وهذا يساعدها في جعله يتكيف مع الروضة.
5. يجب عليها أن تقوم بتجهيز بطاقات ملونة وجذابة بأسمائهم وبعض الحلويات اللذيذة لهم.
6. يجب أن تشعر المعلمة الأطفال بأهميتهم والطمأنينة فعلى سبيل المثال وضع يدها على رؤوسهم وأكتافهم لكي يشعروا بمحبتها لهم ويرافق هذا الشعور تغييرات سعيدة على وجهها.
7. أن تقوم كل معلمة بتعريف أطفال صفها على نفسها بنفسها ثم تحدث الأطفال عن الدور الذي ستقوم به بأسلوب موجز وبسيط.
8. تقوم المعلمة بسؤال الأطفال من أنا وتشير إلى نفسها ثم تسأل الأطفال في أي صف أنتم وما اسم صفكم وهكذا.

9. أن تطلب المعلمة من أحد الأطفال الوقوف أمام الصف ويقوم بتحية الصف وبتعريفهم على اسمه ومن أي صف هو وما اسم معلمته ثم تقول للأطفال (هذا فلان) وتطلب منهم إعادة الجملة وراءها وهكذا.

10. تقوم المعلمة باللعب مع الأطفال بعد التعريف بحيث تقوم بوصف أحد الأطفال من حيث لون شعره وشكله وطوله ولون عينيه وملابسه ...الخ ويجب أن يكون الوصف محبباً لدى الطفل ليشعر باعتداده بنفسه وبشكله وقدرته.

11. تقوم المعلمة ببعض الأنشطة لتعريف الطفل على غرفة صفة وتجهيزاتها فمثلاً تسألهم الأسئلة التالية:

أين تجلسون ؟

12. ماذا يوجد أمامهم ؟

13. ماذا يشاهدون في الصف ؟

14. وتسألهم أسئلة في تصنيف محتويات الصف حسب أحجامها وألوانها وأشكالها.

15. تستطيع المعلمة أن تأخذ الأطفال في جولة في داخل مبنى الروضة لتعريفهم على جميع مرافقها من صفوف وإدارة، وغرفة موسيقي، ومكتبة ومطبخ ويجب أن تحقق الجولة الأهداف المرجوة منها.

16. تستطيع المعلمة أن تأخذ الأطفال في جولة حول مبنى الروضة كساحة الألعاب أو الحديقة وتبين لهم أهمية مراعاة السلامة عند استخدام الألعاب الخارجية.

17. تستطيع المعلمة أن تأخذ الأطفال في جولة خارج أسوار الروضة وتقوم بالتحدث معهم وتعريفهم بأبرز معالم الروضة مثل سور الروضة والبوابة والآرمة المكتوب عليها اسم الروضة.

تحديد البرنامج اليومي لطفل الروضة

إن وضع برنامج يومي في الروضة له أهمية كبيرة بالنسبة للطفل وبالنسبة للمعلمة من حيث أن البرامج والنشاطات التي تتبع وفق تسلسل معين تساعد الطفل على معرفة وقت كل فترة بانتظام أما بالنسبة للمعلمة حيث التخطيط لكافة النشاطات يمكنها من أداء أفضل في مواجهة أي موقف.

◆ يجب تحديد برنامج للروضة لا تتبع فيه أي خطة جامدة أي تنتقل من نشاط إلى آخر بكل مرونة بحيث يعمل الطفل من خلاله بكل هدوء.

◆ إن أساس هذا البرنامج مبني على أنه ويجب أن ينظر للطفل على أنه عضو مهم وفعال في الروضة ويجب أن تعد البرامج والأنشطة على أساس يتناسب مع رغبته وقدرته.

الفترة الصباحية

الطريقة:

يجلس الأطفال حول المعلمة على شكل نصف دائرة على الموكيت ويمكن للمعلمة أن ترسم نصف دائرة بشريط لاصق أو وضع بطاقات أسماء الأطفال على شكل نصف دائرة ويجلس كل طفل بجانب بطاقته:

الأنشطة التي يمكن للمعلمة فعلها:

1- الترحيب بالأطفال.

2- أخذ الحضور والغياب بطريقة مبسطة للأطفال.

3- الحديث مع الأطفال ومعرفة كل ما يحدث معهم من أخبار.

4- التعرف على اليوم عن طريق استخدام الرزنامة.

5- عرض صورة خاصة بموضوع نشاط اليوم.

6- مراجعة موضوع الأمس.

7- تحديد الأطفال اللذين يقومون بمساعدة المعلمة.

8- القيام بتجربة معينة أمام الأطفال في الصف.

أهداف الفترة الصباحية:

1- تعزيز الطفل من الناحية الاجتماعية.

2- تعزيز ذات الطفل.

3- تنمية القدرة اللغوية لدى الطفل.

4- تنمية قوة الملاحظة والذاكرة.

5- تنمية قدرة الطفل على الإصغاء والتركيز.

دور المعلمة في تحقيق الأهداف:

1. يجب على المعلمة أن تتيح لجميع الأطفال فرص متساوية ومنظمة للاشتراك من خلال التعبير والمناقشة بأسلوب معين كرفع الإصبع مثلاً.

2. تقوم بالتشويق عن طريق إثارة الموضوع بطرح أسئلة سهلة وقصيرة ثم تصغي.

3. يمكن أن يلقى بعض الأطفال أي تعليق، فعلى المعلمة أن تتقبل أي تعليق بروح رياضية.

4. يجب أن تقوم بتصحيح أي خطأ من قبل الأطفال عن طريق إعادة تركيب الجمل دون أن يعرف الطفل خطئه بطريقة مباشرة.

5. تقوم المعلمة بالتعزيز بطريقة مناسبة.

6. من خلال تعامل المعلمة مع الأطفال فإنها ستتمكن من معرفة الفترة المناسبة لتركيزهم.

فترة الكتـــــــاب

الطريقة:

يبقى الأطفال مجتمعين وجالسين على الموكيت على شكل نصف دائرة حول المعلمة وتقوم المعلمة بتحضير المادة المطلوب عرضها عليهم.

الأنشطة التي يمكن للمعلمة فعلها:

1. قراءة كتاب على الأطفال ومراعاة تطابق الكلمات والصور والحروف والجمل.
2. كتابة الأناشيد على طبق كرتون بشكل كبير وواضح وقراءتها مع الأطفال بصوت واضح وعالي.
3. قراءة قصة هادفة للأطفال.
4. تقوم المعلمة بإعطاء الأطفال أوراق عمل خاصة باللغة ليقوموا بتلوينها.

أهداف فترة الكتاب:

1. تنمية حب أنواع الأدب المختلفة.
2. تنمية حب القراءة.
3. التشجيع على الغناء أثناء قراءة الكتب.
4. تنمية ثقافة الطفل العامة من خلال المعلومات الموجودة في الكتب.
5. إعطاء الطفل فرصة لاستخدام اللغة المقروئة.
6. إعطاء الطفل فرصة لتكوين المفاهيم المختلفة كاستخدام القلم والكتابة من اليمين إلى اليسار والكتابة على السطر ومن أعلى إلى أسفل.

دور المعلمة في تحقيق الأهداف:

تقوم المعلمة باختيار الكتاب المناسب والتحضير عن الوحدة المقررة.

- القراءة للأطفال بشكل مشوق وبهدوء وروية دون تقطيع القراءة مع مراعاة عرض صور على الأطفال.
- يجب على المعلمة أن تقوم بالغناء مع الأطفال وبمشاركتهم لعبهم.

◆ بعد الانتهاء من قراءة الكتاب أو القصة يجب أن ترجعها إلى الركن المخصص لها لكي ليتسنى للأطفال الإطلاع عليها.

فترة الزوايا

الطريقة:

يمكن أن يختار الأطفال الزوايا التي يريدون اللعب بها بحيث يقوم كل طفل بحمل بطاقته المكتوب عليها اسمه ويضعها في جيب الزاوية التي يريد اللعب فيها وبذلك يتعلم أسلوب التخطيط والاختيار الذي يريده بحرية.

الأنشطة التي يمكن للمعلمة فعلها:

1- تقوم المعلمة بالمشاركة مع الأطفال في النشاطات الممتعة في الزوايا (الرسوم، التشكيل، الأعمال الخشبية آلة الموسيقى ولعب الأدوار ...) والألعاب الهادفة والأحاجي، والألعاب التركيبية والمكعبات والدمى المتحركة والماء والرمل والاستماع والطبع والتجارب والكتابة).

2- تقوم المعلمة بالمشاركة مع الأطفال بالنشاط المتعلق بموضوع الوحدة أو التحضير لرحلة.

3- دمج الأطفال بعمل مشترك كعمل كتاب كبير للصف.

أهداف فترة الزوايا:

1. تعزيز الناحية الاجتماعية عند الطفل من خلال المشاركة والتعاون مع المحيطين به.

2. تعزيز السلوك الإيجابي للأطفال من خلال تعليمهم احترام المواد والألعاب وكيفية المحافظة عليها.

3. تعزيز الاختيار الحر أمام الأطفال.

4. تعليم الطفل بطريقة ذاتية غير مباشرة من خلال تفاعله مع المواد الموجودة لديه.

5. تعزيز الناحية الفكرية لديه.

6. توفير الفرص للطفل لكي يقوم بجميع النشاطات كالموسيقي والكتابة والرسم والألعاب الهادفة وكيفية تناسق العضلات الكبيرة من خلال ألعاب التوازن.
7. توفير الفرص الكافية للأطفال لكي يقوموا بتجارب ذاتية وبناء معارفه من خلال مراقبة الأشياء المحيطة بهم كالحيوانات والنباتات.
8. تنمية لغة الأطفال من خلال مناقشتهم للمعلمة حول اكتشافاتهم وخبراتهم.
9. إطلاق خيال الطفل من خلال تنمية هذه القدرة المهمة له.
10. اكتشاف ميول ومواهب ورغبات الأطفال.
11. تنمية قدرات الأطفال الرياضية من خلال فرز الأشياء المختلفة والمشابهة والمقارنة والقيام بالحساب والقياس والتسلسل والمجموعات والتطابق واكتشاف الزمن والفراغ من خلال إجراء مجموعة وفيرة من النشاطات.
12. تنمية عضلات الطفل الدقيقة من خلال القيام بنشاطات مختلفة.

دور المعلمة في تحقيق الأهداف:

1- تقوم المعلمة بتوفير المساعدة لمن يحتاج إليها من الأطفال.
2- تقوم المعلمة بمراقبة أعمال الأطفال والتعليق عليها بطريقة إيجابية.
3- تقوم المعلمة بمراعاة التنويع في النشاطات الخاصة بكل ركن فلا تكون جميع الأنشطة الخاصة بالركن الواحد في آن واحد.
4- تقوم المعلمة بمراعاة تنظيم الانتقال من زاوية إلى أخرى بوسائل ملموسة.
5- تقوم المعلمة بالتوجيه السليم لسلوك الأطفال أثناء عملية اللعب والتعامل مع المواد.
6- تقوم المعلمة بتحديد الزوايا المراد تفاعل الأطفال من خلالها.
7- تقوم بتنظيم الزوايا وتراعي في ذلك:

أ- تضع الأركان الهادفة بشكل متقارب وتفصل كل نشاط عن الآخر بحواجز وبمساحات كافية.

ب- تقوم بتوفير مساحة كافية للزاوية.

ج- يجب وجود ممرات كافية بين الزوايا.

د- وضع زوايا الفنون بجانب المغاسل لكي يتمكن الأطفال من غسل أيديهم بعد العمل.

هـ- وضع الألعاب في متناول أيدي الأطفال.

8- تقوم المعلمة بالإشراف على ترتيب الصف وتنظيفه بالتعاون مع الأطفال بعد الانتهاء من العمل في الزوايا.

9- تقوم المعلمة بالاهتمام بأعمال الأطفال في زاوية الفنون وعرضها أمام الأطفال وكتابة أسمائهم عليها.

فترة الوجبة الغذائية

الطريقة:

1. تقوم المعلمة بجعل الأطفال يغسلونه أيديهم.

2. تقوم المعلمة بالتعاون مع الأطفال من خلال اختيار مجموعة منهم بتوزيع الأطباق والأدوات اللازمة.

3. يجلس جميع الأطفال على مقاعدهم الخاصة وتجلس المعلمة معهم.

4. لا تجبر المعلمة الأطفال على الأكل بل تقوم بتشجيعهم عليه وتقول لهم أنه مفيد لنموهم ولنشاطهم ولصحتهم.

5. يمكن أن تقوم المعلمة بعمل عصير أو ساندويشات أو عمل بعض الطبخات السهلة بالتعاون مع الأطفال.

أهداف فترة الوجبة الغذائية:

1- المشاركة والتعاون.

2- تعليم آداب الطعام.

3- تقوية الروح الاجتماعية.

4- توثيق العلاقة بين المعلمة والأطفال.

5- تنمية المهارات اللغوية لدى الأطفال.

6- اكتساب عادات صحية وأخلاقية حسنة.

7- استدراج مفاهيم دون اعتبار هذه الفترة فترة تعليمية.

دور المعلمة في تحقيق هذه الأهداف:

تقوم المعلمة بتنظيم عملية ترتيب وتنظيف المائدة.

تمثيل المعلمة القدوة والنموذج للأطفال في طريقة الأكل والمحادثة والتعامل.

تقوم المعلمة بتسهيل عملية التقارب

تقوم المعلمة بالإثناء على التصرفات الإيجابية وتجاهل التصرفات غير المرغوب بها.

فترة اللعب في الخارج

طريقة العمل:

يخرج الأطفال إلى الملعب وينتشروا حسب رغبتهم على أن توجد المعلمة معهم ويمكن أن تقوم بتنظيم ألعاب كل جماعة من الأطفال.

بعض الأنشطة في فترة اللعب في الخارج:

1- الرقص.

2- التسلق.

3- القفز.

4- اللعب في الكرة.

5- شد الحبل.

6- الانخراط في النشاطات الحركية الغير تنافسية.

7- تنظيم ألعاب جماعية مخططة.

أهداف فترة اللعب في الخارج:

1- تنمية القوة العضلية الجسدية عند الطفل.

2- تنمية الروح الرياضية عند الطفل.

3- تنمية حب التعاون والمشاركة عند الطفل.

4- من خلال هذه الفترة يتم الاستمتاع والترفيه عن النفس.

دور المعلمة في تحقيق الأهداف:

1- تتحقق الأهداف السابقة من خلال تواجدها في الملعب.

2- تقوم المعلمة بمراقبة تصرفات الأطفال وتوجيهها.

3- تقوم بمعرفة ودراسة قدرات الطفل وتعد نشاطات تساعد في تنميته.

4- من خلال تنظيم المعلمة ألعاب جماعية تقوم بتشجيعهم على المشاركة فيها دون إجبارهم على ذلك.

الفترة الثانية:

طريقة العمل:

تقوم المعلمة برسم نصف دائرة أو لصق شريط لاصق وجعل الأطفال يجلسون على نفس مستوى النصف دائرة والمعلمة تجلس أمامهم.

الأنشطة التي يمكن للمعلمة فعلها:

1. يمكن في هذه الفترة أن تقوم المعلمة بسرد قصة مناسبة للأطفال.
2. عرض صور معينة عن موضوع معين وإثارة محادثة حول الموضوع.
3. أن تقوم المعلمة بعرض فلم هادف أو أغاني ممتعة وهادفة.
4. تقوم المعلمة بعرض موسيقي ويقوم الأطفال مع المعلمة بعرض حركات جسدية.
5. تقوم بألعاب جماعية مع الأطفال.
6. تقوم بتقديم سلوك معين من خلال استعمال المعلمة لعبة الدمي.
7. إثارة موضوع للمناقشة.
8. تقوم المعلمة بعرض أعمال اليوم والتذكير بمفاهيم وردت فيه.

أهداف الفترة الثانية:

1- الاستعداد للذهاب إلى البيت بهدوء.

2- تنمية الناحية الاجتماعية عند الطفل من خلال المشاركة والتعاون.

3- تنمية الناحية اللغوية لدى الأطفال من خلال المناقشة والمحادثة الجماعية.

4- تنمية الإصغاء والاستماع لدى الأطفال.

5- توعية سلوك الطفل حول أدب الطفل.

6- تنمية الناحية الذهنية لدى الطفل.

7- تنمية الناحية الجسدية من خلال الألعاب الجماعية.

8- تنمية ناحية التركيز.

دور المعلمة في تحقيق هذه الألعاب:

1- تقوم المعلمة بتنظيم الفترة الثانية فتعد المواد اللازمة لها مسبقاً.

2- يجب أن تكون المعلمة أثناء عرض الفلم وسرد القصة متمكنة من القصة وأحداثها ويمكن تبسيط أسلوب القصة وصياغتها ويمكن تغيير بعض أحداث القصة التي تثير الخوف والقلق.

3- أثناء الألعاب الجسدية تشجع المعلمة اشتراك جميع الأطفال باللعب دون إلزامهم.

4- تقوم بتنظيم مناقشة وتشجيع الأطفال الاشتراك فيها.

ملاحظات مهمة للمعلمة:

1. بالنسبة للفترة الثانية إذا تسرب الملل إلى نفوس الأطفال فيجب على المعلمة الانتقال فوراً إلى نشاط أخر مثل أغنية مع حركات جسدية أو بعض التمارين الجسدية.

2. في حال وجود أطفال متفوقين ينهون نشاطاتهم بسرعة يجب أن تقدم المعلمة لهم بعض الأعمال الإضافية على نفس المستوى المطلوب أو الطلب منهم اللعب بهدوء.

3. بالنسبة لفترة الزاوية يجب أن تقوم المعلمة بتشجيع الطفل على الاختيار الصحيح لكي يعود عليه بالفائدة وتساعده على النمو.

4. يفترض من المعلمة تقييم جميع الأطفال وتصرفاتهم وتعاونهم ومدى حجم تطورهم في عملية التعلم ونمو قدرتهم وتحتفظ بها في ملف خاص تعتمد عليه في تقريرها الفعلي ويتم على ضوء هذا التقييم تقييم ينتج عنه للبرنامج العام للوحدات التعليمية والنشاطات المتفرعة عنها والأهداف الخاصة والعامة لها، أي يجب على المعلمة في بداية العام الدراسي وقبل البدء في الوحدات التعليمية بتعريف الأطفال بالأنظمة والقوانين والسلوك المترتب عليهم خلال تواجدهم في الروضة وأيضاً

تعريفهم بالمباني الخاصة بهم فصولهم، الملاعب، الحمامات وأيضاً بأن تقوم بتعريفهم بالبرنامج اليومي وهذا كله له تأثير كبير في نفسية الأطفال من حيث شعورهم بالراحة والأمان وبأن الروضة بيتهم الثاني.

عناصر العملية التربوية في رياض الأطفال

يشكل التعليم المعاصر الذي يجري في داخل غرفة الصف وخارجه نظاماً مفتوحاً يتفاعل هذا النظام مع البيئة ويؤثر ويتأثر بها ليشكل نظام متكامل له مدخلاته وله عملياته وله أيضاً مخرجاته.

◆ المدخلات الخاصة بالعملية التعليمية هي الطفل والمعلم، المنهج، الجهود، الوقت وأيضاً التقنيات.

◆ العلميات: وهي خبرات التعليم وخبرات التعلم.

◆ المخرجات: وهي طفل له شخصية متكاملة وله القدرة على التعليم والتعلم المتواصل.

◆ توفير أفضل الشروط المادية والبيولوجية المهمة لنماء الأطفال وتطورهم من الناحية الاجتماعية والاقتصادية والعقلية والجسمية ومن المهمات الرئيسية التي تؤدي إلى تحقيق الأهداف المنشودة.

1- دراسة آخر ما توصلت إليه الأبحاث والدراسات بأبعادها الجسمية والمعرفية والاجتماعية والروحية المهتمة بخصائص الطفل المتعلم.

2- دراسة المنهاج المتخصص لمرحلة ما قبل المدرسة والتي تتولى المعلمة مسؤولية تنظيم التعليم فيها.

3- اكتساب المعلومات المفيدة والمهارات والمفاهيم والقيم التي تشكل معها المادة والموضوعات التي يتعلمها الطفل في هذه المرحلة.

4- التخطيط المتوازن للتعليم بداية من اشتقاق الأهداف التعليمية بما يتناسب مع أهداف المنهاج المعد وأيضاً حاجات الطفل المتعلم إلى خطة تقويم للتعلم لكي تتحقق الأهداف المنشودة وأيضاً توظيف تقنياته بما يتلاءم مع استعداده للتعلم.

5- القيام بإدارة صفية تحفظ النظام في داخلة من أجل توفير الجو الهادي والنفسي المهيمن لحدوث تعلمهم في هذه المرحلة.

6- تنفيذ فعال ومبدع لمخطط التعلم والتعليم باستخدام أساليب فعالة وإيجابية على سلوك الطفل بتحقيق الأهداف المنشودة.

7- حفظ تقنيات ووسائط السمعية والبصرية ذات العلاقة المباشرة بمسؤولياتها.

8- تنظيم التواصل مع الأطفال وأولياء الأمور والزملاء من خلال علاقات إنسانية وثيقة.

9- تنظيم شؤون السجلات التراكمية والأحوال والتقدمية .... الخ.

10- تقديم النصيحة والإرشاد الهادف للأطفال وأمهاتهم.

11- السعي من أجل النمو المهني من خلال مسؤوليات المعلمة.

فالتربية تنظر إلى المعلمة باعتبارها العنصر الأهم في عملية التربية باعتبارها نظاماً مفتوحاً ومتكاملاً والموجه والمرشد بخطوات الطفل نحو تحقيق الأهداف المنظمة للبيئة التعليمية.

وأيضاً لدى المعلمة قدرة كبيرة على تنفيذ المهمات التعليمية بكفاءة وفاعلية. لذلك كان اهتمام الطفل بمرحلة الروضة اهتماماً كبيراً فقامت على فترات بوضع نشرات تثقيفية توزعها على الروضات بجميع أنحاء المملكة ليتسنى الاستفادة منها من قبل المديرات والمشرفات والمعلمات وكل من يعمل في هذا المجال المهُم وإليكم نموذجاً من هذه النشرات.

بسم اللـه الرحمن الرحيم

المملكة الأردنية الهاشمية

وزارة التربية والتعليم

مديرية التعليم الخاص في محافظة العاصمة

الرقم : 2323/1/10

التاريخ : 1420/12/28

المرافق : 2000/4/3

مديرات رياض الأطفال

الموضوع/ النشرات التربوية

السلام عليكم ورحمة اللـه وبركاته.

أرفق طياً النشرة التربوية بعنوان أساليب تقويم الطفل ما قبل المدرسة للمشرفة التربوية باسمة الجريـر، أرجو اطلاع المعلمات عليها والإفادة منها.

" واقبلوا الاحترام "

مدير التعليم الخاص

مشهور صايل

نسخة/ للسيد مدير الشؤون التعليمية

نسخة/ السيدة رئيسة قسم الإشراف التربوي

نسخة/ لمشرفي رياض الأطفال عدد (2)

م/ي

أساليب تقويم طفل ما قبل المدرسة:

توجد عدة أساليب لتقويم طفل الروضة منها:

الملاحظة، قياس الأداء والقدرة على حل المشكلات في مواقف تعليمية معينة تتمشى ومستوى الطفل.

أولاً : الملاحظة

الملاحظة المقصودة أو الهادفة والدقيقة للأطفال من أهم الوسائل التي تمكن المربية من فهم طبيعة نمو أطفالها، وبالتالي فإن عليها تخطيط برامج وتوفير إمكانات تساعد على إشباع حاجاتهم ومطالب نموهم وتتمشى مع قدراتهم ومستوى نضجهم، آخذة بعين الاعتبار الدوافع النفسية والظروف الاجتماعية التي تؤثر في سـلوكهم بطرق مباشرة أو غير مباشرة.

وللملاحظة أهمية في تقييم الطفل نظراً لعدم قدرته على القراءة والكتابة وحتى علـى التعبـير اللفظـي الشفوي بشكل كامل. بالإضافة إلى طبيعة المناهج التي تعتمد على الأنشطة والأداء الحركي والفني والاجتماعـي والتطبيق العملي أكثر من اعتماده على التحصيل والأداء اللفظي.

وحتى تحقق الملاحظة أهدافها لابد للمربيـة مـن معرفة الأسـاليب العلميـة للملاحظـة والموضوعية فالملاحظة فن وعلم يتطلب مهارات يجب على المربية التدريب عليها كما يجب عليها عـدم إشعار الطفل أنه مراقب ويجب أن تتفهم طبيعة نمو الطفل وحاجاته في هذه المرحلة: (خصائص نمو الطفل ومتطلباتها التربوية) حتى تدرك الجوانب التي يجب ملاحظتها وتصدر أحكاماً علمية حول مـدى تمـشي نمـو الطفل مـع المـستويات والمعدلات المناسبة لمرحلة النمو التي يمر بها جسمياً وعقلياً ووجدانياً واجتماعياً.

ومن المهارات التي ينبغي على المربية أن تتدرب عليها:-

1. الملاحظة المقصودة والدقيقة للأطفال كأفراد لكل منهم قدراته واستعداداته ومعدلات نموه.

2. تسجيل الملاحظات في بطاقة " متابعة النمو " الخاصة بكل طفل أو في سجل الأطفال.

3. تعميم " أنشطة تقويمية " مرتبطة بخبرات الطفل اليومية وتطبيقها على الأطفال في حينها.

4. التوصل إلى مؤشرات وتحديد مستويات الأداء لكل طفل على حده في ضوء الملاحظات وأنشطة التقييم.

وتلاحظ المربية الكثير وبشكل عفوي وغير مقصود إلى جانب ما تلاحظه بشكل منظم ومقصود، كما تلاحظ الأطفال بشكل فردي في بعض الأحيان، وفي مجموعات صغيرة أثناء اللعب ولكن يجب أن لا تنسى " فردية " كل طفل وهي تتابع وتلاحظ محاولات الأطفال لمتطلبات العمل واللعب الجماعي.

والمربية لا تستطيع ملاحظة جميع الأطفال في آن واحد ولا يمكنها التعرف على جميع مهارات الطفل في موقف تعليمي واحد لذا يجب أن تخطط للملاحظة بحيث تحدد الأطفال الذين تلاحظهم والهدف من الملاحظة.

مثال: إذا أرادت المربية أن تعرف هل الطفل قد اكتسب مهارة المشاركة الأطفال الآخرين في لعبة " عليها أن تحدد الأطفال الذين تشملهم الملاحظة أثناء اللعب في فترة نشاطها وفي كل مرة تلاحظ عدداً من الأطفال وعلى المربية أن تسجل المعلومات التي تحصل عليها من الملاحظة واتخاذ القرارات بشأنها ويتم ذلك بطريقتين:

1- إعداد بطاقة متابعة النمو لكل طفل تشمل جميع المهارات التي تسعى الروضة إلى تحقيقها جسمياً وعقلياً وحركياً واجتماعياً بالإضافة إلى المفاهيم اللغوية والرياضية والعلمية والاتجاهات الخلقية.

2- إعداد سجل وترتيبه أبجدياً وتخصص لكل طفل من أطفالها عدداً من الصفحات لتدون فيها الملاحظات التي تعتقد أنها هامة بالنسبة لنمو الطفل ومهاراته ويمكن استغلال السجل والبطاقات معاً بحيث تدون الملاحظات أولاً في السجل ثم يجري تفريغها في الخانات المخصصة لها في بطاقة الطفل ولاشك أن تدوين الملاحظات عمل فني يحتاج إلى مهارة خاصة ويخدم أغراضاً عديدة منها:-

1- تنظيم الملاحظات وتحليلها وتحديد الخطوات التي يجب أن تتخذها المربية في ضوء ذلك التحليل فعلى المربية أن تعرف الدوافع التي وراء تصرفات الطفل اتجاه الموقف واستجابته للمؤثر وتفاعله معه وتشخيص الموقف واتخاذ أو اقتراح الخطوات التي يجب اتخاذها أو توجيهات لملاحظات إضافية في حالة عدم التمكن من تكوين فكرة واضحة عن الموقف موقع الدراسة – فالمربية لا تشخص الموقف المتعلق بقدرة أو مهارة أو اتجاه سلوكي من مجرد ملاحظات أولية لذا عليها أن تسجل ما نعتبره هاماً وحيوياً بالنسبة لقدرة معية أو مشكلة يعاني منها الطفل وقد طرأ عليها تحول أو حدث ما نعتبره نقطة تحول بالنسبة للموقف أو لمعدل النموذجية – فإذا سجلت المربية ذلك ستجد في ملف الطفل ما يساعدها على تقويمه بطريقة موضوعية بعيدة عن الحدس والتخمين والمؤثرات الشخصية لأن ما تسجله سيعطيها صورة شاملة عن سلوك طفلها ونمو مهاراته وقدراته واتجاهاته ومفاهيمه على مدار السنة.

2- تسجيل الملاحظات يساعد المربية على عدم النسيان فهي تتذكر لفترة وجيزة ثم لا تلبث أن تنسى نظراً لعدد الأطفال ولعدم وضوح الفروق الفردية بينهم في هذه السن ولسرعة معدلات النمو ولانتقال الأطفال بشكل سريع من نشاط إلى آخر ومن حالة نفسية لأخرى.

3- تسجيل الملاحظات يساعد المربية على النقد الذاتي فالتقويم يساعدها على اتخاذ الإجراءات التي تساعد الطفل على تحقيق نمو شامل وعلى إحداث التغيرات المرغوب فيها في سلوكه. ويجب أن يشمل توقعات المربية اتجاه تطورات معينة بالنسبة لقدرات تنصب جهود المربية على تنميتها فإذا جاءت التسجيلات على هذا النحو أصبح بإمكان المربية أن تقوِّم نفسها ومدى نجاح جهودها وفهمها لطبيعة الطفل وقدراته والعوامل المؤثرة في سلوكه وبذلك تهيئ لنفسها فرصة النمو الذاتي.

ثانياً : تبادل المعلومات

لكي تكتمل الصورة عند الطفل لدى المعلمة لابد لها من تبادل الرأي مع أسرته، فملاحظة المربية للطفل تعكس جزءاً من حياته فكثير من الأطفال يتصرفون في بيئتهم بشكل مختلف عما هو في الروضة فكثير من الأطفال الخجولين المنطوين على أنفسهم في الروضة جاءت أمهم لتشكو من شقاوتهم وإزعاجهم في البيت وكثير من المربيات يعجزن عن تفسير سلوك أطفالهن بالرغم من متابعتهم المستمرة لهم لذا تجد المربية نفسها بحاجة للتشاور مع والدي الطفل حول مشكلة معينة سواء صحية أو نفسية أو اجتماعية فالمربية التي يهمها تهيئة كل فرصة لأطفالها للنمو وتحقيق الذات يجب أن تحرص على تحقيق التكامل والترابط والتنسيق بين أساليب التربية المتبعة في البيت والروضة وهذا يتطلب من المربية أن تعرف ما يخفى عليها من جوانب حياة الطفل خارج الروضة واطلاع والديه على حياته داخل الروضة ومن الأمور التي يهم الوالدين معرفتها مدى مشاركة طفلهما في الأنشطة التي تقدمها الروضة، علاقته بزملائه ومربيته، المهارات التي اكتسبها، مجالات تفوقه، اهتماماته وميوله ومدى تكيفه لجو الروضة وإذا كان يعاني من بعض الصعوبات أو المشكلات ويهم المربية أن تعرف علاقة الطفل بوالديه وأفراد أسرته كيف يشغل وقته، وهواياته واهتماماته الخاصة، طبيعة نموه الصحي وما إذا كان واجه مشكلات صحية أو غيرها في سنواته الأولى.

وتعمد بعض رياض الأطفال إلى إرسال استمارة إلى الوالدين عند دخول طفلهما الروضة تطلب منهما بالإضافة إلى البيانات الاجتماعية مثل: تربيته في الأسرة، عدد أفراد أسرته، الوضع الاقتصادي والتعليمي والثقافي للأسرة. بالإضافة إلى ذلك تطلب بعض البيانات عن الطفل مثل: مع من يلعب عادةً (مع أخوته أو وحده) ما ألعابه المفضلة (العرائس، السيارات، المكعبات، الحل والتركيب) كيف يقضي وقته ؟ (الرسم والتلوين، ركوب الدراجة، مطالعة كتب مصورة، مشاهدة التلفزيون، في لعبة الإيهامي ماذا يصور نفسه في أغلب الأحيان ؟ ما هي المشاكل أو الصبغات أو الميول الخاصة لدى الطفل وتحب الأسرة أن تطلع الروضة عليها ؟ ما الأشياء التي تحب الوالدات بصفة خاصة أن يتعلمها طفلها ؟

مثل هذه البيانات تساعد المربية على التعرف على حاجات الطفل وميوله وقدراته واهتماماته الخاصة للعمل على تلبيتها بشكل يساعد على نمو الطفل وتقدمه بالإضافة إلى ما يخلقه تبادل هذه المعلومات من جو ألفه وتفاهم بين البيت والروضة.

ثالثاً : السجلات والملفات:

تحتفظ الروضة بأنواع مختلفة من السجلات منها:

1- **السجلات الصحية:** تشمل معلومات عن صحة الطفل وأفراد أسرته، الأمراض التي أصيب بها، التطعيمات التي أعطيت له، المشكلات الصحية التي واجهته، ونتائج الفحوصات الصحية العامة.

2- **السجلات الاجتماعية:** تتناول الخلفية الاجتماعية والاقتصادية والثقافية لأسرة الطفل، بالإضافة إلى ما تحتفظ به الروضة من ملفات عن تقدم الطفل وقد تضع المربية بعضاً من إنتاج الطفل ونسخة من التقارير التي ترسل لولي الأمر.

إلا أن تعدد السجلات قد يؤدي إلى ضياعها فإذا وجد سجل يجمع جميع جوانب نمو الطفل فإنه يساعد على تحقيق الرؤية الشاملة حيث تغذي البيانات بعضها بعضاً بغض النظر عن البيانات أو الجانب الذي تغطيه.

ويجب أن تكون البطاقة بالإضافة إلى أنها شاملة بطاقة تتبعيه تراكمية، تنتقل مع الطفل من سنة إلى أخرى ومن مرحلة إلى أخرى.

أما عن البنود التي يجب أن تشملها " بطاقة متابعة نمو الطفل، فهي عديدة جداً " والمربية التي لم تدرب على ملاحظة أطفال وتعبئة بيانات البطاقة أو التي لم تلق من الإعداد والتدريب ما يمكنها من معرفة أطفالها وتقويمهم بموضوعية علمية، قد تجد صعوبة في تعبئة البيانات وتكون البطاقة عبئاً عليها بدلاً من أن تكون عوناً لها.

رابعاً : التقارير القصصية:

وتكتب على شكل يوميات أو تسجيلات قصصية أو صحفية سلوكية تتضمن تقريراً مطولاً عن سلوك الطفل كما تلاحظ المربية من خلال تعاملها اليومي مع الطفل وما تعرفه عنه من معلومات سابقة من خلال السجلات والتقارير الخاصة به.

هذه التقارير القصصية تعتبر من الوسائل الفعالة فيفهم طبيعة ونمط نموه، وتحتاج إلى مهارة خاصة من حيث اختيار الأطفال، واختيار الأحداث التي تستحق التسجيل والتي تكون لها دلالة واضحة وصلة قوية بنمو الطفل ومن حيث طريقة التسجيل حيث يسجل السلوك الإيجابي والسلبي للمساعدة فيفهم سلوك الطفل وشخصيته.

خامساً : العينات الزمنية:

طريقة تؤكد فيها المربية مظاهر مختارة من السلوك خلال فترات معينة، وتحدد عدد فترات الملاحظة وطول كل فترة وبعد الفترات بعضا عن بعض بهدف الحصول على عينات زمنية لسلوك معين ومن المفيد أن يحدد السلوك المراد ملاحظته حتى تتمكن المربية من عمل سجلات دقيقة عن ملاحظتها ويجرى تصحيح هذه الملاحظات في ضوء الظروف المتغيرة للأطفال والتي تؤثر بلا شك على سلوكهم.

سادساً : الدراما الاجتماعية ولعب الأدوار:

يستخدم هذا الأسلوب لمساعدة المربية على فهم الأطفال ومساعدة الأطفال على فهم أنفسهم والتعرف على حقيقة مشاعرهم ومشكلاتهم الخاصة، فمن خلال التمثيل والدراما ولعب الأدوار يعبر الطفل عن ذاته وأفكاره وأحاسيسه وفهمه لمشاعر الآخرين والأدوار التي يقومون بها وموقعه من ذلك، أي أن الطفل يستكشف عن نفسه ومشاعره بحرية وتلقائية وعفوية دون تخوف من الإفصاح بالكلام عن حقيقة ما يجول بمخاطره نحو العالم والآخرين، مما يساعد المربية على فهمه والتعامل معه في ضوء هذا الفهم، ويشعر هو أيضاً بالراحة لأنه استطاع أن يعبر عن ذاته وما بداخله.

سابعاً : مقاييس الأداء وقوائم السلوك:

هناك العديد من الاختبارات التي وضعت لقياس معايير ومستويات أداء الطفل في سن ما قبل المدرسة في المجالات المعرفية والوجدانية والنفس حركية وفق بنود محددة، وتعطي هذه المقاييس للطفل عدداً من النقاط على مقياس متدرج تتفق ومستوى أدائه للمهارة وعلى فترات يفصل بين الواحدة والأخرى مما لا يقل عن ثلاثة أشهر مع التدرج في صعوبة المهارة

المطلوبة بالإضافة إلى الاختبارات المقننة، وهناك اختبارات مبسطة غير لفظية مثل اختبارات الصح والخطأ واختبارات المزوجة (خط يصل بين شيئين متطابقين) واختبارات إكمال الناقص والتصنيف، واكمال السلسلة، وتفسير الصور وجميعها اختبارات أداء تفقد من خلالها على مستوى نمو الطفل في المجالات المختلفة كأن تطلب من الطفل أن يلون أكبر دمية باللون الأحمر وأصغر دمية باللون الأخضر، لتقييم اكتساب الطفل لمفهوم أكبر/أصغر وتعرف اللونين الأحمر والأخضر.

الفصل الثالث

نشأة علم نفس النمو وتطـــوره

الجانب النظري

قوانين ومبادئ علم نفس النمــو

مظاهر نمو الطفل في مرحلتـــه

رياض الأطفــال

الفصل الثالث
نشأة علم نفس النمو وتطوره

تمهيد

إن دراسة نشأة علم النفس النمو وتطوره له أهمية كبيرة في معرفة البدايات الأولى التي قامت عليها الدراسات الحديثة ومعرفة النتائج التي كانت بثمرة هذه الدراسات ومعرفة مبادئ البحث والميادين التي وقف عندها العلم فعلى سبيل المثال نقوم بدراسة الماضي لنقوِّم أخطائه وندرس الماضي والحاضر لنضع المبادئ الرئيسية للدراسات في المستقبل.

كانت بداية نشأة علم نفس النمو مع نشأة الإنسان فقد يتذكر الإنسان نفسه عندما كان صغيراً وراشداً.

في الفلسفة اليونانية يشير أفلاطون إلى أهمية التعليم في مرحلة الطفولة المبكرة وتأثير ذلك في إعداد الفرد وتكيفه ففي كتابه الجمهورية يتطرق إلى الفروق بين الأفراد من الناحية الوراثية .

أما في الحضارة الإسلامية فقد انفتحت آفاقاً جديدة لعلم نفس النمو فقد ذكر اللـه في القرآن الكريم نشأة الإنسان ما قبل الميلاد وتطوره قال تعالى : (وَلَقَدْ خَلَقْنَا الْإِنسَانَ مِـن سُلَالَةٍ مِّـن طِينٍ ﴿١٢﴾ ثُمَّ جَعَلْنَاهُ نُطْفَةً فِي قَرَارٍ مَّكِينٍ ﴿١٣﴾ ثُمَّ خَلَقْنَا النُّطْفَةَ عَلَقَةً فَخَلَقْنَا الْعَلَقَةَ مُضْغَةً فَخَلَقْنَا الْمُضْغَةَ عِظَامًا فَكَسَوْنَا الْعِظَامَ لَحْمًا ثُمَّ أَنشَأْنَاهُ خَلْقًا آخَرَ فَتَبَارَكَ اللـه أَحْسَنُ الْخَالِقِينَ) المؤمنون: ١٢ - ١٤

أما جون لوك فقد أكد في القرن السابع عشر على أهمية تكوين عادات للطفل تتماشى مع القيم الطبيعية السائدة للجماعة التي يعيش فيها وأبعاده عن الميول الطبيعية التي لا تتماشى مع العادات والتقاليد.

وجاء جان جاك روسو في القرن الثامن عشر وأكد على أهمية إعطاء الطفل الحرية المناسبة لكي تبرز ميوله الطبيعية ودوافعه الفطرية فقال: دع الطفل يتعلم في أحضان الطبيعة اعتقاداً منه أن التعليم من خلال المدرسة يحد من حريته كما جاء في مذكرات بستالوزي في

عام (1774) عن حياة طفلة في الثالثة والنصف من عمرها ومنها يسجل كل شيء عن سلوكها.

أما بالنسبة لفروبل المؤسس الأول لرياض الأطفال فقد نشر كتابه عـن تربيـة الإنسان وسجل فيـه ملاحظات فيما يتعلق بسلوك الأطفال في المدرسة أو في البيت من خلال سنوات عمره المختلفة.

وقد استفاد جرير من الدراسات السابقة عن الطفولة فقام بنشر كتاب اسمه (عقـل الطفل) 1882 شرح فيه الأفعال المنعكسة للطفولة منذ مرحلة الميلاد وتفاعل الأفعال بمرحلة النمو.

أما في القرن العشرين فقد تطور علم نفس النمو تطوراً عظيماً معتمـداً عـلى الدراسـات التتبعيـة وسـيرة الحياة عن طريق دراسة الحالات الخاصة.

ومن أهم الدراسات دراسات قام بها بياجيه خاصـة بالنمو اللغـوي عنـد الأطفال لمعرفـة كيفيـة زيـادة المفردات اللغوية وكيفية بناء الجمل والمقدرة على نطق الكلمات خلال مراحل نمو الطفل إلى جانب دراسة عـن مراحل النمو العقلي المعرفي والتي قام بتحديدها في أربع مراحل هي كالتالي:

1. مرحلة النمو الحسي ـ الحركي تبدأ (من الولادة وحتى السنة الثانية).
2. مرحلة ما قبل العمليات وتبدأ (من نهاية السنة الثانية وحتى السابعة).
3. مرحلة العمليات العينية والمحسوسة وتبدأ (من السنة السابعة وحتى الثانية عشرة).
4. مرحلة العمليات الشكلية وتبدأ (من السنة الثانية عشرة وحتى الخامسة عشرة) وقد عـدل بياجيـه نهايتها حتى سن العشرين وبعدها.

وما زالت دراسات بياجيه وعلماء نفس سابقين هي أساس يبنى عليها ويسير على خطها علماء الـنفس في الوقت الحاضر.

هناك توجد في الوقت الحاضر دراسات عديدة في الوطن العربي وفي العالم عن موضوع علم نفس النمـو نتيجة تطور أدوات الأبحاث العلمية وتقوم الوسائل الخاصة بالحصول عـلى المعلومـات ممـا يـسهل عـلى ذوي الاختصاص من الاطلاع على أبحاث العلماء من خلال شبكة المعلومات (الإنترنت) والتي خدمت العلم والعلماء خدمات عظيمة وجليلة .

الجانب النظري لعلم نفس النمو

مفهوم علم نفس النمو:

نستعرض في البداية معنى النمو في اللغة وهو يعني الزيادة وليس كل تغير كمي يعني نمواً فالتغيرات المرافقة للنمو منظمة تحكمها قوانين ومبادئ بعيدة عن العشوائية كذلك التغيرات مهماتها الرئيسية تحقيق النضج والتوافق مع الذات حيث يشمل النمو مختلف جوانب الشخصية من الناحية الجسمية والاجتماعية والانفعالية والعملية أي أن النمو هو مجموعة من التغيرات المتتابعة والمنتظمة في مختلف جوانب الشخصية الإنسانية والتي يكون هدفها النضج والتوافق مع الذات ومع الآخرين.

وعلم نفس النمو هو علم يهتم بمبادئ رئيسية وهي المبادئ والمفاهيم والنظريات التي لها علاقة مباشرة بالنمو كذلك يهتم بمراحل النمو المختلفة.

وقد قام العلماء والفلاسفة بتعريف علم نفس النمو تعريفات عديدة فقد عرف زهران (1977ــ11) النمو على أنه دراسة تعني بسلوك الأطفال والمراهقين والراشدين والكهلاء ونموهم النفسي منذ بدء وجودهم في هذه الحياة أي من لحظة الإخصاب وحتى الوفاة كذلك عرف الطحان وآخرون (1989: 16) علم نفس النمو على أنه فرع من فروع علم النفس الذي يهتم بخصائص نمو الأفراد بمختلف جوانب شخصيتهم أي من الجانب العلمي والعقلي والاجتماعي والانفعالي وغير ذلك من الجوانب أما الاشول (1989: 11) فقد عرف علم نفس النمو تعريف يشبه تعريف زهران السابق ويقول أن علم نفس النمو يهتم بدراسة الفرد منذ تكوينه الأول أي لحظة الإخصاب إلى لحظة الممات أي اللحظة الأخيرة في حياته.

أما عقل (1998: 27) فيعتقد أن علم نفس النمو هو دراسة علمية لجميع التغيرات التي تحدث للفرد بجميع جوانبها الجسمية والانفعالية والاجتماعية والعقلية والسلوكية لبيان وصفها ومدى ارتباطها مع بعضها وغيرها والكشف عن القوانين الخاصة بها لهدف تحقيق أهداف علمية وبعد دراسة جميع التعريفات السابقة ويمكننا ملاحظة الأمور الآتية:

1- إن علم نفس النمو أحد فروع علم النفس وهو يهتم بدراسة الفرد من لحظة الإخصاب وحتى الوفاة.

2- يهتم علم نفس النمو بالتغيرات التي تحدث للفرد من جميع الجوانب العقلية الاجتماعية الانفعالية والجسمية.

3- يهتم علم نفس النمو بالعوامل التي تؤثر بالنمو سواء كانت هذه العوامل بيئية أو عوامل وراثية بهدف ضبط النمو.

أهمية دراسة علم نفس النمو:

تعد دراسة علم نفس النمو دراسة لها أهمية كبيرة ويرجع سبب الأهمية إلى أنها تتناول فترة طويلة من حياة الإنسان منذ تكوينه الأول حتى الممات في كافة الجوانب العقلية والجسمية والانفعالية والاجتماعية ويمكن إنجاز هذه الدراسة على النحو الآتي:

1- تقوم الدراسة بمساعدة المربين والمعلمين وأولياء الأمور على معرفة المبادئ والقوانين لعملية النمو في مراحلها المختلفة أي أن معرفة قوانين النمو تساعدنا على معرفة ما الذي نتوقعه من الطفل والسلوك الذي يصدر عنه وتعريف كل المختصين بمجال الطفل من الآباء ومعلمين وعلماء ودارسين على الخصائص الإنمائية في كل رحلة من مراحل نمو الطفل وكل مظهر من مظاهره والتي تعد ذات أهمية كبيرة لفهم شخصيته وكيفية التعامل معه بطريقة صحيحة وفعالة.

2- تساعد هذه الدراسة على معرفة المعايير النمائية المناسبة لكل مظهر من مظاهر النمو المختلفة، ولكل مرحلة نمو معايير خاصة بها فعلى سبيل المثال معايير النمو الجسمي تمكننا من معرفة التناسب بين طول الطفل وعمره أو بين وزنه وعمره كذلك هناك معايير للنمو العقلي توضح العلاقة بين السلوك السوي والسلوك الغير السوي السريع والبطيء وبمعرفة أنواع الشذوذ التي تطرأ على النمو حتى تتمكن من معالجتها فعلى سبيل المثال إذا عرفنا أن هناك طفل عمره ثماني سنوات ويقوم بالتبول الليلي اللاإرادي نعرف تلقائياً أن سلوكه غير سوي وعلينا في هذه الحالة معالجته وخصوصاً إذا عرفنا أن معيار التحكم في التبول عند الطفل يكون في عمر 4-5 سنوات وأيضاً إذا وصل الطفل عمر الثلاث سنوات دون أن يستطيع النطق بكلمة عرفنا تلقائياً أن هذا الطفل يعاني من مشكلة في النمو وعلينا معالجتها بسرعة.

3- تساعد هذه الدراسة كل من يختص في مجال الطفل على فهم خصائص النمو

ومشكلاته من أجل معرفة سلوك الطفل وجعله أكثر كفاءة وكذلك تنشئة الطفل تنشئة صحيحة سليمة وإزالة كل العقبات التي هي السبب الرئيسي في إعاقة النمو السليم.

4- تساعد هذه الدراسة في معرفة خصائص النمو المختلفة في المراحل العمرية المختلفة أي في هذه الدراسة تحدد متى يمشى الطفل ومتى ينطلق بكلماته الأولى ويعرفنا على جميع العمليات العقلية وتطورها مثل التخيل والتفكير والتذكر والانتباه ويعتبر فهم هذه العمليات وتطورها مساعداً على القيام بعملية التربية بطريقة صحيحة وسليمة.

5- هذه الدراسة مهمة جداً لمعرفة العوامل المؤثرة في النمو وكيفية تأثيرها وهذا يزيد من مقدرتنا على التحكم في عملية النمو وكذلك بينت هذه الدراسة تأثير البيئة والثقافة في النمو وذلك من خلال مقارنة نمو الفرد في بيئة معينة مع أفراد ينمو في بيئات مختلفة ولهذه الدراسة الفضل الأكبر في تربية الأطفال تربية صحيحة سليمة وفي إرشاد المختصين إرشاداً تربوياً ونفسياً ومعرفة البيئة المناسبة لمعيشتهم أي أن هذه الدراسات تعد الأساس المهم التي تقوم عليها التربية الحديثة في البيت والمؤسسات التربوية والاجتماعية الأخرى والطريقة الصحيحة في التعامل مع الأطفال وفق أسس علمية وتربوية صحيحة.

6- إن هذه الدراسة مهمة لمعرفة الصورة الواضحة المعالم عن الميول والأهداف في مختلف مراحل العمر كما أنه يضع الوسائل المهمة لتحقيق هذه الأهداف.

7- تساعد هذه الدراسة الإنسان عملياً بجعله أكثر قدرة على إقامة علاقات اجتماعية.

8- تساعد هذه الدراسة المختصين بعالم الطفل على وضع المناهج المناسبة وطرائق التدريس ووسائلها بما يتناسب مع ميول الأطفال واستعدادهم في كل مرحلة من مراحل نموهم.

قوانين ومبادئ علم نفس النمو:

أن الكائن البشري يسير وفق تغيرات مرحلية منتظمة تبدأ منذ بداية الحمل وحتى الممات وهذا التغيير المنظم في النمو تنظمه مبادئ وقوانين معينة: (وَخَلَقَ كُلَّ شَيْءٍ فَقَدَّرَهُ تَقْدِيرًا) الفرقان: ٢

وأهم القوانين والمبادئ التي تحكم عملية النمو هي:

أولاً: مسيرة عملية النمو عند الطفل

1- النمو عملية مستمرة:

فالنمو عملية مستمرة تبدأ منذ الحمل وحتى اكتمال النضج وبالرغم من وجود الفروق الفردية بين الأفراد في معدل سرعات نموهم إلا أنهم متشابهون بدرجة كبيرة في ترتيب ظهور مراحل النمو المختلفة واستمرارها واعتماد المراحل اللاحقة على المراحل السابقة فعلى سبيل المثال الأسنان اللبنية تظهر خلال العام الأول عند الطفل لا تنمو بشكل فجائي، بل تبدأ في النمو اعتباراً من الشهر الخامس من تكوين الجنين، ولا تبزغ من اللثة إلا في حوالي الشهر الخامس بعد الولادة.

كذلك إن كلام الطفل يسير بشكل متدرج من الصياح إلى الأصوات غير المتمايزة إلى النطق ببعض الحروف ثم الكلمات البسيطة .. وهكذا.

فالنمو عملية ملتصقة في كل مظاهر الشخصية الجسمية والعقلية والانفعالية الاجتماعية حيث تسير بشكل متدرج حتى تصل إلى أعلى درجات نموها، فمثلا سوء التغذية في الطفولة المبكرة قد يؤثر على جوانب كثيرة في الشخصية ويكون من الصعب تعويضه في المراحل اللاحقة...

كما أن ضعف الخبرات الادراكية والظروف الأسرية قد يؤثر في نمو الشخصية في المراحل القادمة، وكذلك أن النمو عملية ديناميكية أي أن كل شكل للسلوك ينمو لدى الفرد يؤدي إلى ظهور شكل السلوك الذي بعده، فالحدود الفاصلة بين مراحل النمو غير موجودة بل تفاعل واستمرارية في عملية نمو للفرد.

2- يسير النمو من الأعلى إلى الأسفل ومن المركز نحو الأطراف:

إن النمو في الأجزاء العليا من الجسم يسبق النمو في الأجزاء السفلي منه ويكتمل في المناطق العليا قبل أن يكتمل في المناطق السفلي، فمثلا الطفل الوليد يستطيع أن يرفع رأسه قبل أن يستطيع أن رفع صدره ويستطيع التحكم بعضلات الذراعين قبل عضلات الساقين ويستطيع التحكم في حركات يديه قبل أن يستطيع التحكم في حركات قدميه كما يستطيع

القبض على الأشياء قبل استخدام قدميه في المشي ... وهكذا يسير النمو من مركز الجسم إلى الأطراف فالنمو يسير من الأطراف القريبة من الجهاز العصبي المركزي متجهاً إلى أطراف الجسم وهذا ما يجعل عضلات الذراعين تنمو قبل عضلات الأصابع .. مما يجعل الطفل يتحكم بحركات الذراعين التي تنمو قبل عضلات الأصابع .. كما يقابل هذا الاتجاه في النمو الجسمي اتجاه موازي في نمو السلوك .

3- الاختلاف في سرعة النمو:

إن النمو في المظاهر السلوكية المختلفة لا تسير بنفس السرعة فالفروق الفردية كبيرة بين الأطفال في سرعة النمو فالبعض يتمكن من المشي في الشهر العاشر وقد يتأخر البعض الآخر إلى منتصف السنة الثانية أو الثالثة.

كذلك أن النمو اللغوي أيضا لا يتم بنفس السرعة عند جميع الأطفال فالبعض يتكلم في الشهر الخامس عشر في حين يتأخر الكلام عند بعضهم حتى سن الثالثة كما تظهر الاختلافات واضحة في النمو العقلي والاجتماعي والانفعالي .. ويعود ذلك إلى أسباب وراثية وبيئية.

كذلك فإن سرعة النمو لا تسير في نفس المعدل في جميع مراحل النمو .. فالنمو يكون سريعا في سن المهد، ثم تقل سرعته نسبياً في الطفولة المبكرة ويتباطأ أكثر في الطفولة المتأخرة، كما تختلف سرعة النمو عند الأطفال من مظهر إلى مظهر آخر من مظاهر الشخصية فالنمو الجسمي مثلا يكون سريعا في مرحلة وبطيئا في مرحلة أخرى .. كما أن النمو العقلي والانفعالي والاجتماعي يتباطأ أيضاً في مرحلة ويزداد في مرحلة أخرى.

4- يسير النمو من العام غير المميز إلى الخاص المميز ومن الكل إلى الجزء:

يستجيب الطفل في البداية استجابات عامة ثم تتمايز وتصبح أكثر دقة، على سبيل المثال وفي النمو اللغوي يستخدم الطفل نطق كلمة بابا للدلالة على أي رجل وماما للدلالة على كل أم ، ، .. ثم بعد ذلك يميز بين الأب الحقيقي والرجال الآخرين والأم الحقيقية والنساء الأخريات .. وفي النمو العقلي نجد أن المهارات الخاصة والقدرات الخاصة لا تظهر عند الطفل إلا في سن متأخرة وهذا ما جعل علماء التربية الحديثة يؤكدون على تعليم الطفل العبارة قبل الجملة، فالجملة قبل الكلمة والكلمة قبل الحرف .

5- النمو نمو التكامل والتفاعل:

وهذا يعني أن التغير في مظهر من مظاهر إنما يؤثر على مظاهر الشخصية الأخرى فالنمو اللغوي يتأثر بالنمو العقلي والنمو الجسمي والنمو الانفعالي .. فالسلوك كظاهرة طبيعية ينظر إليه على أنه ظاهرة كلية موحدة وإن كان متعدد الجوانب .. فالنمو في مظهر سلوكي معين لا يمكن فهمه بمعزل عن فهم المظاهر السلوكية الأخرى .

6- الفروق الفردية في مراحل النمو:

يختلف الأطفال بعضهم عن بعض في سرعة النمو كلياً وكيفياً في تكوينهم الجسمي والعقلي والاجتماعي وفي أساليب سلوكهم وسماتهم الشخصية وغير ذلك من جوانب النمو ... فالأفراد يتوزعوا من حيث مظاهر النمو المختلفة توزعاً تكرارياً اعتدالياً فغالباً ما يتوزع الأطفال في معدلات نموهم حول المتوسط ، أما القلة من الأطفال فيتوزعون في الأطراف فالفروق الفردية في النمو عند الأطفال تظل ثابتة نسبياً في مراحل النمو المتتالية وهذه الفروق في النمو المتتالية وهذه الفروق في النمو موجودة أيضاً بين الجنسين .. حيث نجد فروقاً في الوزن بين الذكور والإناث في معظم مراحل النمو كذلك نجد الفروق موجودة في معدلات النمو وفي سرعة النمو .. فبعض الأطفال يمرون في مراحل النمو ببطء، وبعضهم يمر فيها بسرعة كما يصل بعض الأطفال إلى سن البلوغ في مرحلة مبكرة أكثر من بعضهم الآخر ... وكذلك الأطفال الأذكياء يتم اكتمال النضج العقلي عندهم في سن متقدمة قبل أن يصل إليها الأطفال الأقل ذكاء .

ثانياً: العوامل التي تؤثر في نمو الطفل

إن علم نفس النمو هو دراسة التغيرات التي تحدث للكائن الحي بمظاهرها المختلفة. وهذه التغيرات تعود بجذورها إلى العوامل البيولوجية والعوامل الوراثية التي يرثها الفرد عن أبويه وأسلافه، كما تعود إلى العوامل البيئية المختلفة التي يتفاعل معها بشكل مستمر منذ بدء التكوين وحتى نهاية الحياة ولذلك فإن ما يحدث من تغير مستمر في نمو الفرد .. إنما تحكمه عوامل خاصة بيولوجية وراثية وعوامل بيئية يخضع لتأثيراتها اليومية بشكل مستمر.

وفي هذا الفصل سنحاول توضيح العوامل المختلفة المؤثرة في نمو الفرد ويبين مدى التفاعل والتداخل بينهما في ماضيه وحاضرة ومستقبله فما هي هذه العوامل المؤثرة في النمو الإنساني:

1- عوامل وراثية:

يقصد بالوراثة انتقال الصفات الوراثية من الآباء إلى الأبناء عن طريق الجينات، والصفة التي يرثها الفرد لا تتحد بموروث واحد وإنما تتحدد بالتفاعل الذي يحدث بين عدد من الموراثاث ولذلك فإن الوراثة البيولوجية للفرد تتحدد بالمورثاث ويؤلف مجموعها النمط الداخلي ومن مجموع المورثاث يتحدد الأساس الهام للفردية.

فالفرد يبدأ من خلية واحدة في رحم الأم [خلية جرثومية ملقحة] تتولد من اتحاد خليتين جرثوميتين أحدهما من الأب والأخرى من الأم وكلاهما خليتان ولكنها قبل الإخصاب يكونا غير مكتملين فاتحادهما في التلقيح يعني تكميل أحدهما للأخرى في خلية واحدة لا يزيد حجمها عن حجم رأس الدبوس .. وبها تبدأ الوحدة الأولى للحياة .. ويعرف المحيط الذي يحيط بالخلية الملقحة بالسيتوبلازم المكون من مادة غير متمايزة نسبياً وتمثل البيئة الداخلية للخلية .. وهي ذات تأثير على تكوين الجنس والتأثير الكيميائي على السيتوبلازم يؤدي إلى إتلاف الأجنة وفي داخل السيتوبلازم توجد النواة وهي التي تعطي الحياة للخلية .. وتتضمن النواة الصبغيات ويختلف عددها باختلاف النوع الذي ينتمي إليه الكائن الحي ولكنه ثابت داخل النوع الواحد . وتحمل خلية الإنسان (46) صبغياً (23) صبغياً في نواة الحيوان المنوي الذكري و (23) صبغياً في البويضة الأنثوية .

وفي داخل الصبغيات تكمن المورثاث حاملات الخصائص الوراثية وهي العوامل الوراثية الفعلية التي تتحد من كلا الوالدين ويحتوي كل صبغي ما يقارب (3000) مورث وكل مورث مسؤول عن إحدى الخصائص الوراثية.

وتنظيم الصبغيات في أزواج هي (XY) عند الذكر و (XX) عند الأنثى والزوج الثالث والعشرين يختلف ويحدد جنس الجنين .

كما تتكون المورثات من جزيئات الحمض النووي وكل جزئ مركب من عدة عناصر هي الكربون - الأوكسجين - والهيدروجين - والنيتروجين - الفسفور - وهذه الصبغيات يؤثر بعضها على البعض الآخر .. وتتفاعل بطرائق عديدة ينتج التشابه أو الاختلاف بين الآباء والأبناء وهذا التفاعل معقد إلى درجة كبرى.

واستناداً إلى هذه الوراثة تتحد كثيراً من مظاهر النمو الجسمية العقلية والانفعالية والاجتماعية فلون البشرة والطول والقصر والأعضاء الداخلية ولون الشعر وفصيلة الدم وملامح الوجه وشكل الجسم تتحدد بالوراثة بشكل كبير .. كما أن ذكاء الإنسان وقدراته الخاصة تتحكم فيه العوامل الوراثية إلى حد كبير، ولكن الاستعدادات الوراثية تبقى في تفاعل مستمر مع العوامل البيئية وتتأثر بها .. فإصابة الأم مثلا بالحصبة الألمانية أو الحمى القرمزية في الأسابيع الأولى من الحمل يعرّض جنينها لتشوهات خلقية في القلب والعينين .. كما أنها تحدث التخلف العقلي .. كذلك أي خلل في عدد الصبغيات قد يؤدي إلى تشوهات جسمية وتخلف عقلي (المنغولية) وإلى شخصية إجرامية فالمنغولية مثلا يكون عند زيادة عدد الكروموسومات إلى 47 كروموسوماً. كما أن بعض الأمراض كمرض السكري والأنيميا ومرض الصرع والفصام تنتقل بالوراثة إذا وجدت الظروف المناسبة التي تنشطها ..

أما تأثير الوراثة في الميول المزاجية والسمات النفسية فهو تأثير غير مباشر حيث تحدد الوراثة الاستجابة الملائمة بالنسبة للمثيرات البيئية لأن هناك علاقة وثيقة بين الوظائف الفسيولوجية والوظائف النفسية. وهناك علاقة محددة بين السمات النفسية وبين بعض العوامل الوراثية.

2- عوامل بيئية:

تعتبر البيئة مجموع العوامل الخارجية التي تؤثر تأثيراً مباشراً أو غير مباشر على الفرد منذ لحظة الإخصاب وحتى نهاية الحياة وبهذا المعنى تتضمن البيئة العوامل المناخية والجغرافية والعوامل الاجتماعية والثقافية والحضارية أي أنها تمثل جميع العوامل التي لا ترتبط بالمورثات .. وتسهم العوامل البيئية بشكل كبير في تشكيل شخصية الفرد.

كما أن البيئة لا تتغير في مختلف حياة الفرد بل تختلف من مرحلة إلى مرحلة.

3- التفاعل بين الوراثة والبيئة :

هناك تسائل يطرح عن أيهما أكثر تأثيراً في النمو الإنساني الوراثة أم البيئة حيث رد الكثير من علماء النفس المسؤولية الكبيرة للعوامل الوراثية بينما القليل من التأثير للعوامل البيئية .. في حين أعطى بعض علماء النفس الأهمية الأولى للبيئة، وأهمية قليلة للعوامل

الوراثية فعلماء الوراثة يؤكدون أن التربية والتعليم والبيئة المحيطة لا تزيد من استعدادات الفرد بل تمدها بالمواد التي تعمل بها ولها ولهذا فإن الفروق الفردية ستكون واضحة بين الناس بغض النظر عن نوعية التعليم الذي يتلقاه .. والبيئة التي تعيش فيها ولهذا فإن نوع التعليم الذي يتلقاه الفرد يعتمد على استعداداته الموروثة للتعليم ..

أما علماء البيئة فيرون أن الفروق الوراثية في الإمكانات العقلية للفرد ليست كبيرة .. وأن الجزء الأكبر من هذه الفروق يعود إلى الاختلافات البيئية وإلى فرص التعليم والثقافة التي يتلقاها ....

وأجريت بحوث عديدة لدراسة الأثر النسبي لكل من عاملي الوراثة والبيئة في نمو الأطفال وتشكيل شخصياتهم ومن هذه الدراسات تلك التي أجريت على التوائم المتماثلة فالتوأم المتماثل (الذي ينتج عن إخصاب حيوان منوي واحد لبويضة واحدة) يرث تقريباً الصفات ذاتها فإذا ربيا في بيئتين مختلفتين فإن تأثير البيئتين يتضح في اختلاف سمات الشخصية لكل منهما ..

أما إذا ربيا في بيئة واحدة فإن سمات الشخصية لكل منها تكون متقاربة إلى درجة كبيرة (فالاختلافات بين التوأمين المتماثلين تعود إلى العوامل البيئية أما أوجه التشابه فتعود إلى العوامل الوراثية.

وتشير معظم الدراسات إلى أن النمو الجسمي والحركي يتوقف إلى حد كبير على العوامل الوراثية أما العوامل البيئية فتؤثر في ذكاء الفرد.

فعلى سبيل المثال فالطفل الذي يولد في بيئة فقيرة وجاهلة فإنها لا تهيئ له فرص التعليم المناسب مما يجعل الطفل لا يتمكن من القراءة والكتابة كما يتأثر سلوكه بصفة عامة نتيجة لعدم إتاحة الفرصة أمام استعداداته الكامنة بالظهور .

وحتى الآن لم تتحقق السيادة لأي من العاملين (الوراثة أو البيئة) .

فالأسرة تعمل على إشباع حاجات الطفل النفسية والعادية بحيث يشعر فيها بالأمان والتقدير كما تعمل على تعليمه القيم والعادات والمعايير الاجتماعية والتي تساعده على بناء

سلوك متوافق مع الآخرين لتضمن له النمو النفسي والاجتماعي السليم.

وكذلك إن الحرمان الحسي للطفل الرضيع وعدم اتصاله بالكبار يؤدي إلى إعاقة نموه وسلوكه بشكل سليم

.

فعندما يعيش الإنسان في بيئة مليئة بالاستشارة فإن دماغه ينمو بصورة أفضل ويقوم بتكوين أنزيمات أكثر من النوع الذي يرتبط بالتعليم والتذكر كما يرى (روبرت هيث) أيضاً وجود نشاط كهربائي غير عادي في دماغ الفرد المعزولة مما يقدم الدليل على أن الحرمان الاجتماعي والحركي أثناء الفترة الحساسة بعد الولادة يضر بالجهاز العصبي .. وهذا ما يؤكد أهمية تكوين الروابط الوثيقة مع الوالدين وخاصة الأم أثناء الفترة التي تلي الولادة مباشرة .. وهذه الروابط تتضمن أن بقاء الصغار قرب أمهاتهم يكون ضماناً لتربيتهم وحمايتهم ...

وهناك بعض الأدلة التي تؤكد على أن العلاقة المبكرة بين الأبناء والآباء لها تأثير كبير على سلوك الأبناء وشخصياتهم في المستقبل وخاصة في مرحلة المراهقة مما يؤكد حاجة الطفل إلى الأمان والاعتماد على السند من الكبار (وخاصة الأم) وكذلك أن الجناح المدرسي الذي يعيش في كنفه الطفل عامل مهم جداً لنموه نمواً سليماً أو غير سليم .. فالمدرسة التي تشجع عند التلاميذ روح التنافس والتعاون والتسامح والعدالة والأخلاق الفاضلة فإنها تؤثر تأثيراً إيجابياً في نموه الاجتماعي والخلقي والنفسي والديني..

كما أن نقص الغذاء يؤثر على النمو العقلي والمعرفي لتلاميذ المدارس ففي إحدى الدراسات التي أجريت في إندونيسيا لبيان العلاقة بين نقص الحديد والأداء المدرسي عند تلاميذ المدارس ما بين 6ـ12 سنة في ثلاث مدارس ريفية تبين أن المصابين بنقص الحديد أقل قدرة على التركيز والتحصيل وبعد علاج نقص الحديد لمدة ثلاثة اشهر تبين أن الأداء المدرسي لديهم قد تحسن أو تحسنت قدرتهم على التركيز.

كما تؤثر البيئة الجغرافية على نمو الفرد بما تفرضه من ظروف طبيعية واقتصادية وبشرية .. فالفرق بين السلالات والأجناس في المناطق المختلفة تعود إلى الاختلاف في البيئة الجغرافية

4- الغدد اللاقنوية أو الصماء:

وهي التي تصب إفرازاتها (الهرمونات) في الدم مباشرة وتعد مراكز التنظيم الكيميائي

للوظائف الجسمية .. ولها تأثير واضح في عملية النمو .. كما ترتبط وظيفة الغدد الصماء ارتباطاً وثيقاً بوظائف أجهزة الجسم المختلفة وخاصة الجهاز العصبي الذاتي .. كما تؤثر في السلوك والشخصية وفي النشاط العام للفرد وفي سرعة وشدة السلوك الانفعالي.

لذلك فإن التوازن في إفرازات الغدد الصماء يجعل الشخص سليماً نشيطاً .. ويؤثر تأثيراً حسناً على سلوكه .. أما اضطرابات الغدد الصماء فتؤدي إلى المرض النفسي .. واضطرابات حيوية .. وتشوهات جسمية وفيما يلي عرض لأهم هذه الغدد:

أ- **الغدد النخامية :** تقع الغدة النخامية تحت سطح المخ ويتراوح وزنها 350-1100 مج - وتتكون من فصين أمامي .. وفص خلفي وبينهما فص متوسط لا نعرف حتى الآن إفرازاته بشكل دقيق .

وتعد الغدة النخامية سيدة الغدد لتأثيرها الواضح على بقية الغدد فإذا قل إفراز تلك الغدد نشطت الغدة النخامية لتعويض هذا النقص ويفرز الفص الأمامي للغدة النخامية خمسة من الهرمونات ذات تأثير مهم على الغدة الورقية الكظرية .. والغدد التناسلية وهذه الهرمونات هي :

1. **هرمون النمو:** ينظم هذا الهرمون نمو العضلات والعظام والأنسجة الأخرى من أعلى الجسم إلى أسفله ويؤثر هذا الهرمون بشكل واضح في نمو الفرد إذ أن زيادة إفرازاته في الطفولة والمراهقة تؤدي إلى العملقة أما زيادة إفرازاته بعد المراهقة (أي بعد توقف نمو العظام) فإن عملية النمو تستمر في الأجزاء الغضروفية مما يؤدي إلى حالة تسمى الأكروميجالي فتلاحظ تضخم الأجزاء الطرفية كالأذنين والأنف والفك السفلي واليدين .. والقدمين .. وتحدب الظهر .. ونشوء عظام الصدر في بعض الحالات أما نقص إفراز هذا الهرمون فإنه يؤدي إلى القزامه وإلى عدم اكتمال النضج الجنسي.

2. **الهرمون المنشط للغدة التناسلية:** ويؤثر هذا الهرمون على بدء عملية البلوغ حيث يساعد في نضج البويضة، وينظم الطمث الشهري، ونمو الحيوانات المنوية في الخصيتين عند الرجل .. كما يؤثر على إفراز هرمون البرجستيرون لدى الأنثى والتستستيرون عند الرجل .. وأن نقص هذا الهرمون يؤدي إلى النعاس .. أما زيادة إفراز هذا الهرمون فيصاحبه عدم النضج الجنسي .. وقد يؤدي إلى تكبير النضج الجنسي مما ينعكس سلباً على النمو الجسمي .

ويمكن أن نلاحظ أثر هذه العوامل بشكل واضح في صفات معينة مثل طول القامـة ولـون البشـرة ولـون العينين وشكل الشعر .. أما اثر البيئة فيمكن ملاحظته بشكل كبيرا في السمات النفسية والخلقية .. والاتجاهـات والميول والعادات ... والرأي السائد لدى علماء النفس هو أن نمو الطفل وسماته الشخصية هـي نتـاج التفاعـل بين عامل الوراثة والبيئة ...

ولهذا يمكن القول أن العلاقة بين الوراثة والبيئة علاقة تفاعل وتكامل فالوراثة تحدد اسـتعدادات الفـرد وإمكاناته الفطرية .. في حين تؤثر البيئة على هذه الاستعدادات فتنميها وتطورها أو تعيقها ..

الغـــدد:

لإفرازات الغدد تأثير كبير وواضح في عملية النمو الإنساني وسرعته وتنظيمه ونظراً للدور المهم الذي تقوم به الغدد في عملية النمو ولما يصيبها من نقص أو زيادة أو تعطيل لوظائفها فإنه مـن المهـم إلقاء الـضوء علـى هذه الغدد وهي ثلاثة أنواع هي:

1. **الغدد القنويه:** وهي التي تجمع موادها الأولية من الدم وتصبها عبر قنوات صغيرة خارجيـة أو إلى الأماكن التي تحتاجها مثل الغدد الدمغية التي تجمع الماء والملح وتخلطهما لتكون الدموع ثم تصبها في قنوات العينين وهناك الغدد اللعابية التي تساعد على تليين العظام وتجعله سائغاً للهضم من خلال إفرازاتها .. والغـدد العرقية التي تساعد على تنظيم حرارة الجسم .. والغدد الدهنية التي تفرز الدهن اللازم للجلد .. وهنـاك أيـضاً الغدد المعوية .. والغدد المعدية .. والبروستاتا ..

2. **الغدد المشتركة:** .. وتفرز إفرازاً خارجياً وإفرازاً داخلياً معاً، كالبنكريـاس الـذي يفـرز أنزيمـات هاضـمة يصبها في القناة الهضمية ...كما يفرز هرمون الأنسولين الذي يصبه مباشرة في الـدم ومـن الغـدد المـشتركة أيـضاً الغدد الجنسية التي تكون الخلايا الجنسية .. البويضات لدى الأنثى .. والحيوانـات المنويـة عنـد الرجـل .. كمـا تقدر هرمونات تصبها في الدم هي الهرمونات الجنسية.

3. **الهرمون المنشط لإدرار الحليب (هرمون البرولاكتين):** ينـشط هـذا الهرمـون إدرارا الحليب عنـد الأم بعد الولادة كما يؤثر في إفراز الجسم الأصفر في المبيض عند الأنثى غير الحامل.

4. الهرمون المنشط للغدة الدرقية: يعد هذا الهرمون مسؤول عن تنظيم نشاط الغدة الدرقية ويحول دون ضمورها حيث يؤدي زيادة إفرازاته إلى تضخم الغدة الدرقية وزيادة نشاطها الإفرازي كما يعد مسؤولا عن بناء هرمون التيروكسين في الدرقية.

5. الهرمون المنشط للغدة فوق الغدة الكلوية (الأدريناليه): يعمل هذا الهرمون على ضبط حجم وإفراز قشرة الغدد فوق الكلوية ويضبط نسبة السكر في الدم ...

أما الجزء الخلفي للغدة النخامية .. فيفرز هرمونين: أحدهما يساعد في الاحتفاظ بكمية السوائل اللازمة للجسم ..

الثاني يساعد على انقباض عضلات الرحم أثناء وبعد الولادة.

ب- الغدة الدرقية: تقع هذه الغدة في مقدمة الجزء الأسفل من الرقبة أمام القصبة الهوائية تحت الجلد وتكون من فصين يتراوح وزنها بين 10ـ15غم ويزداد حجمها مؤقتا أثناء البلوغ والحمل وفي فترة الحيض .. وتفرز هرمون الثيروكسين. حيث تنظيم عملية الأيض بصورة عامة، ومسؤولة عن نمو وظائف الجهاز العصبي وكما تخزن مادة اليود الذي يستخدم لبناء هرمون الثيروكسين، وتساعد في تنظيم عملية النمو، وتنشط الأعصاب وتنظم استهلاك الجسم للأكسجين كما تتأثر الغدة الدرقية بغيرها من الغدد الصماء وخاصة الغدد النخامية عن طريق هرمون الثيروتروفين :

إن اضطراب إفرازات الغدة الدرقية زيادة أو نقصاناً يؤثر في عملية النمو ففي حالة نقص إفرازات هذه الغدة منذ المرحلة الجينية والطفولة فإن في ذلك يؤدي إلى إصابة الطفل بالقراءة وتأخر ظهور الأسنان والمشي والكلام واضطرابات في نمو العظام وإلى الإصابة بالضعف العقلي.. أما نقص إفرازات الغدة الدرقية في الكبر وخاصة بعد سن الثلاثين من العمر فإنه يؤدي إلى خشونة الجسد وتساقط الشعر وزيادة الوزن وانتفاخ الوجه .. وانخفاض درجة الحرارة ويصبح الشخص كثير النوم وسريع التهيج وتسمى هذه الحالة بمرض مكديما ويمكن للأشخاص المصابين بهذا المرض أن يشفوا إذا أخذوا هرمون الثيروكسين بمقدار مناسب.

ويرى ستاجر أن الأعراض الناجمة عن نقص هرمون الثيروكسين والمتمثلة في الكسل والخمول وأعراض الكآبة تؤدي بالفرد إلى سلوك تعويضي على شكل اندفاعي .

أما زيادة إفرازات الغدة الدرقية قبل البلوغ فإنه يؤدي إلى زيادة سرعة نمو الطفل بصورة غير عادية .. أما زيادة إفرازات الدرقية بعد البلوغ فيؤدي إلى زيادة سرعة عملية الهدم والبناء (الأيض) وزيادة سرعة النبض وارتفاع ضغط الدم - ونقصان الوزن - الأرق - وسرعة التهيج العصبي .. بحيث يكون الشخص في حالة توتر مستمر ويترافق ذلك بنضج الدرقية وجحوظ العينين وارتعاش الأطراف وازدياد التعرق وارتفاع بسيط في درجة الحرارة وهذه الأعراض تسمى مرض جرنفير.

جـ- جارات الغدة الدرقية: وهي أربع غدد موجودة على جانبي الغدة الدرقية اثنتان على كل جانب الواحدة فوق الأخرى .. وتفرز هذه الغدة هرمون الباراثورمون .. الذي يعمل على تنظيم نسبة الكالسيوم والفسفور في الدم كما يعمل على تكوين العظام ويساهم في النشاط العصبي والعضلي .

إن نقص إفراز هذا الهرمون يؤدي إلى انخفاض نسبة الكالسيوم في الدم أقل من 0.06 ويؤدي إلى سرعة التهيج العصبي .. والتشنج العضلي والشعور بالضيق والخمول العقلي .

أما زيادة إفرازات هرمون جارات الدرقية فيؤدي إلى زيادة نسبة الكالسيوم في الدم كما تقل نسبته في العظام مما يؤدي إلى لينها وإلى تشوه الهيكل العظمي وتكوين حصيات الكلى .. ويؤدي إلى ظهور علامات الملل والتعب الزائد عند الشخص وقد يصاب بالغيبوبة .. ويذكر أن الأطفال المتمردين والعنيدين والذين يعانون من تهييج عصبي شديد ـ وضعف السيطرة على الذات نتيجة خلل في إفراز هرمون جارات الدرقية يمكن معالجتها بإعطائهم خلاصة إفرازات الغدة جارات الدرقية.

ثالثاً: أساليب التربية ونمط شخصية الطفل

المقدمات البيئية داخل نطاق الأسرة:

يؤكد علماء النفس والتربية أن أسلوب معاملة الوالدين يحدد نمط الشخصية للطفل وسلوكه والمعاملة الوالدية السيئة تخلق شخصية عدوانية ومشاعر عدم الطمأنينة شخصية خائفة سادية، أما الرعاية الزائدة عن الحد فإنها تخلق شخصية أسلوبها طفيلي وانطوائية

ليست لديها القدرة على تحمل المسئولية .. والآباء المسيطرون قد يؤدي سلوكهم إلى تطبيع شخصيات أبنائهم بطباع الخنوع، الاتكالية، الخجل، أما الآباء المتقبلون لأبنائهم فقد يطبعون شخصياتهم بطابع المتقبل للناس اجتماعياً.

إن الأبناء غير المتوافقين نفسياً يأتون من بيوت غير مستقرة يوجد بها مشاكل وعندما يكون جو المنزل من النوع الذي يكثر فيه النزاع والشقاق فإن الطفل غالباً ما يوزع ولاءه بين الأب والأم، وقد يتعلم الطفل استغلال أحد الوالدين ضد الآخر، وقد يهملهما معاً وفي أغلب الأحيان يكون الأبوين في حالة من التوتر مما يجعل تصرفاتهما تتسم بالرعونة والحمق ويجعل أسلوب كلامهما مع الطفل فيه جفاء وخشونة، ومثل هذا السلوك من جانب الأبوين من شأنه أن يخلق من التوتر الانفعالي في الطفل ومن ثم يعوق إحساسه بالأمن .. وهناك أهداف أربعة يهدف آباء إلى تحقيقها في تنشئة الطفل :

1- محاولة مساعدة النمو والسلوك الطبيعي والتلقائي والذي يعتبرونه مقبولاً كالخوف من الأشياء الضارة والمخيفة .
2- محاولة استبعاد السلوك الطبيعي والتلقائي للطفل والذي يعتبرونه سلوكاً غير مقبولاً للطفل كالخوف من الأشياء العادية والمألوفة.
3- محاولة تنمية أنماط السلوك المقبولة لو لم تكن لدى الطفل اتجاه تلقائي نحوها (كالأمانة والصدق .. الخ).
4- استخدام الأساليب الوقائية التي يمكن أن تؤدي مقدماً إلى عدم تكوين بعض أنماط السلوك غير المقبولة مثل النزاعات (كالكذب).

وفي ضوء ما تقدم يتضح لنا مقدار ما تسهم به الأسرة في بناء شخصية الطفل ودور هذه الأسرة في نقل الثقافة إليه وتشكيلها لشخصيته داخل الإطار الثقافي للمجتمع الذي يعيش فيه .. وفي هذا قد اهتم علماء النفس بجانب الأسرة وتأثيرها على سلوك الطفل (المحددات البيئية داخل نطاق الأسرة) والمعوقات البيئية خارج الأسرة. التي تسهم بدور فعال في تحديد خصائص شخصية الطفل وهذه المقومات كثيرة ومتعددة وتتفاعل بدورها مع غيرها من المحددات من أهمها والتي تلعب دوراً هاماً في تشكيل شخصية الطفل وتسهم بدور فعال مع الأسرة في القيام بذلك وهي :

1- الروضة

2- جماعة الرفاق

3- وسائل الإعلام

المقومات البيئية خارج نطاق الأسرة:

الروضة: يجب أن تعرف أن رياض الأطفال ليست امتداد لحياة الطفل في المنزل فحسب بل هي أيضاً تحسين لها وإضافة عليها فهي تحقق للطفل من حاجاته التي يمكن أن تحققها له أسرته، وكذلك تعمل دور رياض الأطفال على تصحيح كثير من الأخطاء التي يقع فيها الآباء والأمهات لسبب أو آخر.

فالمعلمة في رياض الأطفال تقوم بدر هام في توجيه الأطفال نحو التربية البناءة نظراً لطبيعة عملها مع الأطفال فهي تقوم بدور التربية ، وتقوم بـدور (بديلـة الأم) وبـذلك يجـب أن تمنح الأطفال الحـب والحنـان والعطف وتمثيل ذلك في معاملة الأطفال برفق وأن تكون ثابتة في معاملتها لهم وحازمة في نفس الوقت وكذلك أن مقدار استفادة الطفل من خبرة رياض الأطفال تتوقف إلى حد كبير على شخصية وكفاءة المعلمـة وتقديمها لبرامج رياض الأطفال على أساس فهم لمراحل النمو عند الطفل في مرحلة الطفولة المبكرة ويجب أن تتكامل هذه البرامج مع برامج النمو في المنزل.

وأيضاً من واجبات معلمة رياض الأطفال الاتصال المستمر بالوالدين كمربيين مـشاركين للمعلمـة وبـاقي الأخصائيين في رياض الأطفال هادفين جميعاً إلى نمو شخصية الطفل جسمياً وعقلياً وانفعالياً واجتماعيا في ضوء مبادئ وقوانين النمو في مرحلة الطفولة.

دور معلمة رياض الأطفال ووظيفتها:

يجب أن تقوم المعلمة بضروب متنوعة من الأدوار إلى جانب الدور أو النموذج التقليدي المعروف وهذه الأدوار تتمثل في :

1- تقوم بدور الحب والحنان والطمأنينة للطفل.

2- موضوع التوحد: قد يكون التوحد قائماً على أساس الحب والإعجاب أو استجابة لدافع الخوف وهـذه العملية هي إحدى الوسائل التي تتوسل بها المعلمة في التأثير في قيم أخلاق أطفالها.

3- **مصدر العون:** فقد تساعد المعلمة الأطفال على تعزيز مكانتهم في الجماعة أو على زيادة تقديرهم لأنفسهم وقد تكون لهم عاملا من عوامل الطمأنينة لأنها تبدد ما في إزالته نفوسهم من التصورات الخاطئة والمخاوف كذلك تعمل المعلمة على ضبط السلوك.

4- **ناقلة للعادات:** وتتناول العادات النواحي البيولوجية كتأقلم الفرد مع البيئة الخارجية وما فيها من عوامل فيزيائية (مثل درجات الحرارة والضغط وغيرها) وكيميائية كالاعتياد على بعض العقاقير كما تتبادل بعض النواحي الفيزيولوجية (مثل التوازن والهضم ومواعيد النوم) والأعمال اليومية (من ارتداء الملابس واختيار الطريق إلى مكان معين وكذلك يدخل نطق الحروف والكلمات والعبارات والكتابة والعزف على الآلات الموسيقية وتقوم العادة على الخصائص والحوافز والاستعدادات والميول الفطرية وكذلك إتقان العمل المعتاد مع سهولة أدائه وإنقاص الجهد والانتباه والزمن ولا ننسى أن تمثل المعلمة عادات وتقاليد المجتمع وقيمه تنقلها إلى أطفالها عن طريق أفعالها أيضاً وكونها ناقلة للعادات ولا يعني من وجهة الصحة النفسية أن من واجبها أن تغصب الأطفال على قبولها دون إقناعهم بذلك.

5- **مصدر التعليم وحل المشاكل:** من أهم أدوار المعلمة كونها مصدراً للتعلم تتضمن فكرة الأخذ بيد الأطفال في التعليم وحل المشاكل والتعليم لا يكون فعالاً إلا بمقدار ارتباطه بالحاجات، ومن الصعب على المعلمة أن تكون مصدراً للتعليم إلا إذا فهمت جيداً خصائص المرحلة العمرية التي تعمل معها ..

6- **من أهم أدوار المعلمة:** أن تساعد الطفل من حين لآخر على تقويم سلوكه كأن تقوم بالتحكيم بين الأطفال في صراعهم وأن من واجبها أن تتجنب التحيز .

7- **الأنموذج ورمز القيم:** تمثل المعلمة قيم الجماعة وآمالها وينطوي تحت هذه المقولة الدور الذي تقوم به المعلمة بوصفها بديلاً للمسئولية الفردية هذا بجانب أن المعلمة هي ممثلة الجماعة وهي تعمل على تحقيق أهداف الجماعة.

8- **دور المرشد النفسي:** يجب على كل معلمة أن تكون مسئولة عن رسالة الإرشاد النفسي التي هي رسالة التربية ورسالة المعلمة ذاته، حتى وان كانت هذه المعلمة لم تؤهل

التأهيل الكافي فإنها تستطيع أن تفعل الكثير في توجيه الأطفال وإرشادهم ولو أنها اعتمدت على الملاحظة الدقيقة للأطفال، وكذلك تستطيع المعلمة أن تتعرف على قدرات الأطفال ومزاياهم العامة والخاصة لكي تتولى الإشراف، ثم على المعلمة المرشدة أن تتصل بولي أمر الطفل الذي ترى أن تقاربه معها يحل مشكلة الطفل كما يجب أن تهتم المعلمة بالأطفال الموهوبين والمتخلفين تمهيداً لتوجيه هؤلاء الأطفال إلى ما يناسبهم من برامج ورعاية خاصة داخل الروضة أو خارجها.

9- تنمية روح الجماعة بين الأطفال في الروضة: تتميز رياض الأطفال بوجود شبكة معقدة من التفاعلات بين الأطفال بعضهم ببعض، وتتألف العلاقات من القبول والحب والكراهية .. وأن الجو الجماعي عامل جوهري في تحقيق الصحة النفسية في الروضة وهو أو أهمية من حيث تشجيعه الأطفال على التعليم الفعلي.

التكوين النفسي للطفل في رياض الأطفال:

تعد الروضة المؤسسة الاجتماعية التالية بعد الأسرة في أهمية المحافظة على صحة الطفل النفسية فالروضة هي الوسط الذي ينمو فيه الأطفال خارج الأسرة ويعيشون به حياة شاملة .. والروضة لها رسالة تربوية تهدف إلى تكوين الشخصية المتكاملة للطفل وإعداده ليكون موطناً صالحاً في المستقبل ورعاية نموه البدني والذهني والوجداني والاجتماعي

ومن أهم أهداف الصحة النفسية في رياض الأطفال:

1- تهيئة علاقات وظروف أكثر مناسبة للنمو السوي للأطفال في الروضة.

2- مواجهة الحاجات النفسية والاجتماعية للأطفال في الروضة.

3- تعديل اتجاهات الأطفال بما يساير فلسفة الروضة التربوية.

4- تصحيح انحرافات السلوك وعلاج الأطفال المشاكسين بطرق صحيحة.

5- إشباع حاجات الأطفال إلى الانتماء نحو الروضة ونحو الجماعة.

6- إشباع حاجات الأطفال على التقبل والاعتبار الاجتماعي.

7- إشباع حاجات الأطفال إلى المسئولية نحو الآخرين.

8- اكتساب الأطفال لأداب السلوك الاجتماعي والمهارات الاجتماعية.

9- إتاحة فرصة للتعبير الحر وتحقيق الذات بأفضل الطرق.

10- التمرس على القيادة والتبعية وعلى الأساليب الديمقراطية من خلال أسلوب المعلمة بالروضة.

ولتحقيق تلك الأهداف التربوية لابد من توفر الصحة النفسية للمعلمة التي تنعكس بدورها على صحة الأطفال النفسية.

الصحة النفسية للمعلمة في رياض الأطفال:

المعلمة هي التي تتعامل أكثر من أي شخص آخر من العاملين في الروضة مع الأطفال. ولا نتوقع منها أن تعمل على أن يكون أطفالها أصحاء نفسياً إذا كانت هي نفسها متوترة - قلقة - عصبية - مترددة - متسرعة في أحكامها متسلطة، غير قادرة على عقد صلات اجتماعية راضية - عدوانية - متحدية فإننا نتوقع أن ينعكس أي اضطراب تعاني منه المعلمة على أطفالها، أي أن الصحة النفسية للمعلمات واحدة من المنطلقات الهامة للصحة النفسية للأطفال في هذه المرحلة المهمة من عمرهم.. أي أن الصفات التي تتوقف عليها نجاح المعلمة في مهمتها ترتبط تماما بتكوين شخصيتها بصفة عامة، أن درجة الاتزان الانفعالي والحالة المزاجية للمعلمة كذلك صفاتها الخلقية وميولها واتجاهاتها النفسية تنتقل آثارها إلى الأطفال فالمعلمة المتكاملة الشخصية السعيدة في حياتها تستطيع أن تعمل على إسعاد أطفالها وإنما المعلمة الشقية النفس، القلقة غير الراضية عن نفسها يتعذر عليها أن تساعد الأطفال على التكيف السليم والتفاعل مع الغير.

ومن الصفات التي يجب أن تتوفر في المعلمة والتي تؤدي إلى احترامها وتأثيرها في الصحة النفسية للأطفال هي :

1- الصفات الذاتية المتعلقة بشخصية المعلمة وتشمل:

أ. النواحي الجسمية التي تتضمن الحيوية والنشاط والخلو من العاهات والأمراض.

ب.القدرة على التعبير والاهتمام بالمظهر العام بحيث يكون لائقاً.

ج. كذلك الصفات العقلية كالذكاء والقدرة على التصرف في أي مشكلة تواجهها.

د. الاتزان والصفات الخلقية المرغوبة كالإخلاص في العمل والتمسك بالمبادئ والمثل العليا.

2- التكوين المهني والقدرة على التربية في رياض الأطفال.

3- أثر المعلمة في الجو العام داخل الروضة ومدى مشاركة المعلمة في نواحي النشاط.

4- أن تكون للمعلمة هواية شخصية تستطيع أن تكون رائدة للأطفال فيها.

اتصال المعلمة بالأسرة:

إن الروضة كمؤسسة تربوية لها رسالة وهدف إذا فهمت رسالتها فهماً واضحاً وإذا أدرك من فيها أهمية اتصال المعلمة بالأسرة، فإنه من الممكن أن تهيأ جو نفسي صحي يساعد الأطفال على التوافق النفسي . ويتم اتصال المعلمة بالأسرة عن طريق التقارير التي ترسلها إلى الآباء والأمهات من خلال اجتماع الأهالي الذي يعقد شهرياً في رياض الأطفال.

تقارير المعلمة إلى الآباء: ليس أحب إلى الآباء من تربية أبنائهم والوقوف على أحوالهم في الروضات لأن مهمة المعلمة مكملة لمهمة الأسرة في المنزل .

وتعتبر التقارير التي ترسلها الروضات إلى الآباء التي تحمل في طياتها آراء المعلمات عن الأطفال ومبلغ رضاهن عن سيرهم في الأنشطة المختلفة هي أهم وسائل تدعيم العلاقة بين الروضة والمنزل.

ولا ينبغي أن تشمل التقارير على النواحي السلبية في الأطفال بل أن تشمل أيضاً على النواحي الإيجابية بما يشجع الأباء على تبادل الرأي مع الروضة.

فالتقارير المشجعة التي تحمل أنباء سارة عن الأبناء من شأنها أن تغرس في الآباء حب التعاون مع الروضة والترحيب بتلقي التقارير معها والرغبة في الاستجابة للدعوات التي توجه لزيارة الروضة ..

أهمية اجتماع المعلمة بالآباء:

إن معرفة مطالب النمو في كل مرحلة من مراحل عمر الطفل مهمة جداً في عملية النمو أي العلاقة بين الآباء والأطفال مهمة جداً إلى جانب اجتماع المعلمة بالآباء له دور مهم في إيجاد صيغة تعاون مشترك بين البيت والروضة لإيجاد أفضل الطرق لنمو الأطفال ومواجهة العقبات التي يمرون بها مثل صعوبات الأنشطة المختلفة وصعوبات تخص حياتهم بشكل عام ومن خلال هذا الاجتماع بين المعلمة والآباء يمكن إيجاد التعديلات اللازمة لحل الصعوبات التي تواجه الطفل من وقت لآخر.

الرفاق المحيطين بالطفل:

يتطابق الطفل مع أقرانه في معظم المواقف هذه المرحلة تكون أكبر من التطابق في مرحلة الرشد، وتقبل الرفاق المحيطين بالطفل له تأثير قوي في نموه الاجتماعي ومع نمو الطفل اجتماعيا فإنه تزداد دائرة اتصالاته فيخرج من نطاق الأسرة والمنزل واللعب مع إخوانه إلى جماعة الرفاق خارج المنزل لذلك يجب أن يكون اهتمام الآباء بالرفاق المحيطين بالطفل اهتماماً كبيراً لما لهؤلاء الرفاق من تأثير قوي على سلوك أطفالهم من خلال الأشراف المباشر من قبل الآباء والمعلمات وتكون جماعة الرفاق في هذه المرحلة من عمر الطفل مقتصرة على أولاد الجيران ورفاق الروضة.

وسائل الإعلام:

إن لوسائل الإعلام بأنواعها تأثيراً كبيراً في سلوك الأطفال وتنمية شخصيتهم وفي الفترة الأخيرة جرت دراسات حول فوائد التلفاز وأثبتت هذه الدراسة أن للتلفاز مضار من الناحية الجسمية والخلقية والاجتماعية والتربوية إذ يحصر التلفاز الطفل بين أربع جدران لساعات طويلة ويحرمه من اللعب في الهواء الطلق كذلك يعرض على الطفل أفلام الجريمة والعنف والسرقة والجنس وهذا كله يعطي الطفل انطباعاً نفسياً سيئاً وكذلك أن الطفل لا يقوم من خلال التلفاز بأي نشاط إيجابي بحيث يكتسب خبرات اجتماعية كبيرة كالتي يكتسبها من خلال اللعب في الهواء الطلق.

وهناك دراسات أجريت حديثاً أثبتت أن التلفاز يوسع من مدارك الطفل ويفتح له آفاق المعرفة ويطلق لديه الأفكار المتنوعة ويخصب خياله ويقوي العلاقات الاجتماعية الأسرية من خلال اجتماع أفراد العائلة حول التلفاز.

ويجب أن تعرف أن هذه الوسائل الحديثة ومن بينها التلفاز إذ أحسن توجهها فانها لها تأثير قوي ومفيد وإيجابي على نمو شخصية سليمة وصحيحة للطفل.

مظاهر نمو الطفل في مرحلة رياض الأطفال

تمهيد

تمتد هذه المرحلة من ثلاث إلى ست سنوات وتسمى أحياناً مرحلة ما قبل المدرسة إذ تستقبل الأطفال دور الحضانة ورياض الأطفال، وتعد هذه المرحلة مهمة في حياة الطفل

حيث يقل فيها اعتماده على الكبار ويزداد اعتماده على نفسه، أنها مرحلة التغيير العقلي عن الإحساس بالاستقلال الذاتي، وهو ما يسميه (أريكسون) بسلوك المباداه حيث يحاول الطفل اكتشاف العالم الخارجي المحيط به ...

كما يبدأ الطفل في هذه المرحلة بالانتقال من البيئة المنزلية المحصورة إلى بيئة الحضانة ورياض الأطفال، ويبدأ في اكتساب أساليب توافقية صحية من خلال تفاعله مع البيئة الخارجية .. كما يتم في هذه المرحلة استكشاف الطفل للبيئة المحيطة به (الناس والأشياء المحيطة به) .. فهو يريد أن يعرف ماهية هذه الأشياء وفي هذه المرحلة من عمر الطفل تبدأ عملية التنشئة الاجتماعية، واكتساب القيم والاتجاهات، والعادات الاجتماعية ويستطيع التميز بين الخطأ والصواب، بين الأفعال الصحيحة والأفعال الخاطئة.

كما يتميز بالطفل في هذه المرحلة بالعناد والتشبث برأيه وعدم الطاعة للكبار، وينفجر في ثورات غضب، وتكثر مخاوفه ويعاني من الغيرة، ولذلك فإن النمو في هذه المرحلة يحتاج إلى رعاية خاصة .. ومن أجل مساعدة الطفل في هذه المرحلة للاستفادة من إمكاناته ومن البيئة الاجتماعية والتعليمية المحيطة به .. لأن الأسرة العربية بإمكاناتها الاجتماعية والاقتصادية والثقافية والتعليمية غير كافية لتلبية احتياجات الطفل، كذلك تعد الحاجة ماسة إلى إقامة دور حضانة ورياض أطفال تكون مزودة بالكادر المؤهل والإمكانات الضرورية اللازمة في بناء صحي واسع.. وحدائق بيئية غنية ميسرة لنموه من كافة الجوانب.

ومن أهم مظاهر نمو الطفل:

النمو الجسمي للطفل:

تتضح مظاهر النمو الجسمي على شكل زيادة واضحة في الطول والوزن وتكون الفروق الفردية واضحة بين أبناء العمر الواحد نتيجة الظروف البيئية التي يعيش فيها الطفل والعوامل الوراثية التي يرثها من والديه وأجداده فالطول يتضاعف في نهاية هذه المرحلة، والطول النسبي للأطفال في الطفولة المبكرة مؤثر لا بأس به لأطوالهم النسبية في مرحلة الرشد.

أما الوزن فيزداد في هذه المرحلة بمعدل وسطي 2 كغم في كل عام، حيث يصل وزن

الطفل في نهاية هذه المرحلة في المتوسط إلى خمسة أضعاف وزنه عند الولادة .. وكما نجد في هـذه المرحلـة أن شكل جسم الطفل يزداد نـضجاً، وتتغـير نـسب الجـسم وأبعـاده، فـالأجزاء العليـا مـن الجـسم تبـدأ بالاقتراب التدريجي من أبعاد جسم الراشد، فيتباطأ معدل نموها مما يتيح للأطراف السفلي أن تلحق بها، أما نمـو الـرأس فيكون بطيئاً في حين يكون نمو الجذع متوسط السرعة، ونمو الأطراف يكون سريعاً.

وكذلك أن أجهزة الجسم العضلية والعصبية والهضمية يزداد نموها حيث تصبح العظام أكثر صلابة، وفيما بين السنة الثانية والثالثة تكون الأسنان اللبنية للطفل قد اكتملت، حيث يصل عـددها إلى عـشرين سـناً، أمـا العضلات فتنمو بمعدل أسرع من بقية أعضاء الجسم، ففي خلال السنة الخامسة من عمر الطفل نجد أن حوالي ثلاثة أرباع زيادة الوزن تعود إلى النمو العضلي، ويكون نمو العضلات الكبيرة أكثر مـن نمـو العضلات الصغيرة، وهذا يشير إلى أن الطفل يكون أكثر مهارة في الأنشطة التي تحتاج استخدام العضلات الكبيرة.

أما الجهاز العصبي فينمو بسرعة في هذه المرحلة حيث يصل وزن دماغ الطفل في نهاية هذه المرحلة من عمر الطفل إلى 90% من وزن دماغ الراشد وهذا يكون عند بلوغه سن السادسة من عمره.

النمو الحركي للطفل:

يتميز النشاط الحركي عند الأطفال في هذه المرحلة بالكثير مـن السـرعة والدقـة والقـوة حيث يستطيع ضبط الاتزان الحركي نسبياً ففي بداية هذه المرحلة تكون حركات الطفل غير منسقة، حيث يسيطر الطفل تدريجياً على حركاته وعضلاته الصغيرة بقصد التدريب والتعليم ... ويلعب التدريب دوراً هامـاً في تطور النمو الحركي في هذه المرحلة ويكتسب الطفل مهارات حركية جديدة مثل القفز والجري والتسلق وصعود الـدرج وهبوطه، وركوب الدراجة والحركات السريعة .. فعلى سبيل المثال يتمكن في نهاية هذه المرحلة من ربط حذائه بنفسه .. وكما يتمكن الطفل في سن الخامسة من اللعب بالكرة مع الآخرين .

فالنمو الحركي للطفل في مرحلـة الطفولـة المبكـرة يعتمـد علـى مستوى النـضج الحـسي

والصحة العامة للطفل إذ كلما كان جسمه وعضلاته وأعصابه سليمة كلما كان نموه الحركي أفضل كذلك القدرة العقلية للطفل تؤثر في نمو الطفل الحركي وكذلك اضطرابات الشخصية مثل الانطواء والخجل تؤثر سلبياً من ناحية في النشاط الحركي للطفل ولا ننسى دور المعلمين في التعليم والتدريب الذي يتلقاه الطفل في محيطه ليساعده على إتقان المهارات الحركية.

كذلك يوجد هناك فروق بين الجنسين في نوع المهارات الحركية فعلى سبيل المثال الذكور لهم ألعاباً تناسبهم مثل «لعب الكرة» أما الإناث لهن ألعابهن مثل «لعب الدمى» ومع ذلك توجد مهارات مشتركة بين الذكور والإناث مثل (الأراجيح، والدراجات ، والقفز..).

يبدأ الطفل في هذه المرحلة بتفضيل إحدى يديه على الأخرى وإذا كان يفضل اليد اليسرى يمكن تدريبه وتعليمه على استخدام اليد اليمنى ولا يمكن للآباء أو المعلمين ترك ذلك للصدفة ولكن عليهم عدم الضغط على الطفل لإرغامه على استعمال يده اليمنى والأصح تقديم له الأشياء قريبة من يده اليمنى حتى يتسنى استخدامها.

النمو العقلي للطفل:

يستمر النمو العقلي في هذه المرحلة بالتزايد ففي هذه المرحلة تكون قدرة الطفل متطورة على استخدام الرموز والصور الذهنية في الازدياد بشكل ملحوظ فتزداد قدرته اللغوية ويصبح بإمكانه أن يتصور أساليب جديدة للعب الإبداعي ويقضي معظم وقته في اللعب الإيهامي الذي يعتمد على الرموز والصور الذهنية.

فالطفل يعامل العصا وكأنها شمعة أو يعامل مكعب الخشب وكأنه سيارة، ويعتبر تفكير الطفل في هذه المرحلة تفكير رمزي إلا أن الرموز لا تكون بالضرورة منظمة في مفاهيم وقواعد محدودة كما أن الطفل في هذه المرحلة يجد صعوبة في تدبر وجهة نظر طفل آخر أو شخص آخر من الكبار وهذا ما يجعله متمركزاً حول ذاته، ويطلق البعض على هذه المرحلة اسم مرحلة السؤال إذ تكثر أسئلة الطفل بشكل واضح حيث أن حوالي 10-15% من حديث الطفل في هذه المرحلة يكون عبارة عن أسئلة (ماذا؟ متى؟ أين ؟ من؟)

وتكون أسئلة الطفل عن الأشياء وأسبابها وقد يكون مدفوعاً لهذه الأسباب بالخوف

والقلق أو لفت الانتباه إليه وقد يضيق الآباء ذرعاً بهذه الأسئلة مما يجعلهم يجيبون إجابات خاطئة أو عشوائية أو يتهربون كلياً من الإجابة عنها ومن أسئلة الأطفال: لماذا ينتفخ بطن أمي لماذا لا يلد أبي . لماذا لا يسقط القمر وتزداد أسئلته مع ازدياد نضجه العقلي وتجاهل الوالدين لأسئلة أطفالهم يؤدي إلى إثارة غضبهم والإجابة غير المقبولة لدى الطفل تثير قلقه مما يجعله يكثر من الأسئلة مما يؤدي إلى ثورة الآباء وعقابهم للطفل السائل ولذلك يجب أن تكون الإجابات صحيحة وبسيطة ومناسبة لمستوى نموهم العقلي دون الدخول في الأمور ولذلك فان ازدياد الثروة اللغوية للطفل في هذه المرحلة وتزايد نموه العقلي يدفعه باستمرار إلى محاولة فهم ما يجري حوله.

مظاهر نمو الطفل العقلي:

الإدراك الحسي للطفل: الإدراك الحسي هو العملية التي يستخدمها الأطفال في الكشف عن المعلومات التي يتلقونها من التنبيه المادي المستمر الموجه إليهم من البيئة من حولهم كل الأوقات، ويعد الإدراك وسيلة الطفل الأولى للاتصال بنفسه وبالبيئة ولذلك فإن النمو الادراكي عند الأطفال في هذه المرحلة يرتبط بنمو قدرته اللغوية، فاللغة تساعد الطفل في إجراء تمييزات ادراكية لصعوبة تركيز انتباهه بصورة انتقائية كما تفيد اللغة الأطفال في جذب انتباههم إلى مثيرات وثيقة الصلة بالموضوع.

ويتأثر إدراك الطفل بالبيئة المحيطة وبالثقافة السائدة فالفرد هو جزء من البيئة المحيطة به .. فإدراك الاتجاهات (شرق؟ غرب؟ شمال؟ جنوب) عند الطفل في هذه المرحلة تنمو ببطء حتى سن السادسة ثم يزداد بسرعة بعد سن السادسة كما يكون من الصعب عليه تقدير الارتفاع عن سطح الأرض، وهذا ما يجعله يقفز أحيانا عن علو مرتفع لعجزه عن إدراك المدى الصحيح للمسافات أما إدراك اللون فيمكن للطفل أن يميز بينها في هذه المرحلة وخاصة الألوان الأساسية (الأحمر؟ الأزرق؟ الأسود؟ الأبيض؟) ولكنه يجد صعوبة في التفريق بين درجات اللون الواحد، كذلك تزايد قدرة الطفل على إدراك الأشكال والحجوم والأوزان فالطفل يقوم باختيار الأشكال قبل اختيار الألوان لأن الشكل عنده أهم من اللون وأيضا يستطيع الطفل إدراك الفرق بين إدراك الحجوم الكبيرة والمتوسطة والصغيرة أما إدراك

الزمن فيكون عند الطفل في هذه المرحلة ضعيفاً حيث يدرك الحاضر أما إدراك الماضي والمستقبل يكون غامضا في سن الثالثة من العمر.

التفكير عند الطفل:

يعتقد العالم بياجيه أن تفكير الطفل يختلف في مظاهره عن تفكير الإنسان الراشد أي أن الطفل يعد أدنى في تفكيره ويدور حول نفسه ويكون التفكير عند الطفل في هذه المرحلة خيالياً يعتمد على الصور أكثر من اعتماده على المعاني ثم تزداد قدرة الطفل عن التفكير المنطقي تدريجياً ويرى العالم بياجيه أن التفكير في هذه المرحلة من عمر الطفل يمتاز بعدة خصائص منها:

1. **الظاهرة النسبية:** فالطفل عندما يخاف من شيء ما يحاول الاختباء تحت غطائه على سبيل المثال ويعتقد أن الغطاء يحميه من الخطر.

2. **الظاهرة الفرضية:** يعتقد الطفل في هذه المرحلة أن لكل شيء في محيطه له غرضاً فالغرض من الشمس على سبيل المثال الإضاءة والتدفئة والسيارة وجدت للتنقل والكرة كي نلعب بها.

3. **الظاهرة الاحيائية:** يعتقد في هذه المرحلة أن الأشياء الجامدة حية تحس وتتألم أي يتعامل الطفل مع لعبه على أساس أنها حية فالطفلة تعاقب وتضرب لعبتها وتطعمها على أنها حية.

4. **ظاهرة التمركز حول الذات:** فالأطفال يتعرفون على العالم من منظورهم الخاص وحيث يظهر التمركز مع الذات عند الأطفال في رسوماتهم وتتسم هذه الرسومات بالشفافية وعلى سبيل المثال يرسم الطفل المنزل على شكل مستطيل مقسم إلى أقسام وهي (الغرف) وكل ما فيه ظاهر وكما لو أنه مصنوع من زجاج.

التذكر عند الطفل:

أن قدرة الأطفال في مرحلة الروضة على التذكر يتجسد بصور الأشياء حيث يتذكر الأسماء ولكن ذاكرة الأشكال تفوق ذاكرة السماء ويعتمد التذكر عند الأطفال على مستوى

نموهم العقلي والمعرفي وأيضاً على نوع المادة المتذكرة.

كما يتمكن الطفل في عمر ما قبل المدرسة من استدعاء الموضوعات المترابطة بصورة أفضل من استدعاء الموضوعات غير المترابطة وكما يتمكنون من تذكر العبارات المفهومة بسهولة أكثر من تذكر العبارات الغامضة.

التخيل عند الأطفال:

يمتاز خيال الطفل في هذه المرحلة بالقوة وبطغى الخيال على الحقيقة والواقع يتجاوز بخياله حدود الزمان والمكان والمنطق والواقع فالطفل يحب المغامرات فإن لم يجدها في بيئة يميل إلى إشباعها في أحلام يقظته وخياله ويسمى الكذب في هذه المرحلة بالكذب الخيالي وهكذا يستعين الطفل بخياله ليتوافق مع نفسه ومع الآخرين، ويقترب بها تدريجيا من الواقع مع تزايد عمره.

النمو اللغوي عند الأطفال:

لقي النمو اللغوي عند أطفال الروضة اهتماماً كبيراً من قبل الباحثين وخصوصاً ما يتعلق بمدى التعبير اللفظي، فكلما ازداد العمر الزمني عند الطفل كلما كانت جملته أطول، فالجملة المكونة من كلمتين تعد تحسناً في فعالية اتصال الطفل عند كلماته المفردة كما أن تقدم الطفل في استخدام الجمل ذات الكلمات الثلاثة أو الأربعة يعد تنوعاً أكبر من بنائه اللغوي وتوجد فروق فردية في ذلك التنوع في البناء اللغوي ونجد أن بعض الأطفال يستخدمون ذواتهم فقط كمصدر للأفعال مثل (أريد حلوى) ويتجلى النمو اللغوي عند الأطفال بالنطق والغناء ولا يمكن تقدير عدد المفردات اللغوية للأطفال ونلاحظ أن أغلب الأطفال في سن الثالثة والرابعة لديهم حصيلة لغوية مكونة من آلاف من الكلمات وعادة أن الأطفال في هذا العمر يخلطون بين كلمة أقل وأكثر ويعدانها مترادفتين وأما من ناحية نمو الاستجابات اللفظية عند أطفال هذه المرحلة فإن لديهم القدرة على فهم لغة الأفراد المحيطون بهم قبل تمكنهم من التعبير عن أفكارهم تعبيراً لغوياً صحيحاً فطفل على سبيل المثال يفهم آلاف الألفاظ ولكنه لا يستطيع استخدام عدد قليل منها.

يتأثر النمو اللغوي عند أطفال في هذه المرحلة بعدة عوامل مثل مقدار الذكاء ومدى

سلامة الحواس وهي (البصر، السمع، الشم، النطق، الإحساس) كذلك نوع الجنس (ذكراً، أو أنثى) حيث تسبق الأنثى الذكر في بدء نطقها للكلمات وكذلك يتأثر النمو اللغوي بالبيئة التي يعيش فيها الطفل فعلى سبيل المثال الطفل الذي يختلط بالكبار تجده يتحسن لغوياً أكثر من الطفل المنعزل.

النمو الانفعالي عند الأطفال:

كل الاستجابات الانفعالية اللفظية عند الأطفال في هذه المرحلة محل الاستجابات الانفعالية الجسمية وتمتاز بالحدة والمبالغة حيث تلاحظ أن الطفل شديد الغيرة والغضب والعناد وأيضا تمتاز بالتنوع والتغلب من انفعال إلى آخر فعلى سبيل المثال من البكاء إلى الضحك ومن الغضب إلى السرور كذلك تظهر انفعالات الأطفال في هذه المرحلة مركزة حول الذات مثل الخجل، الشعور بالنقص، الشعور بالذنب، والشعور بالثقة بالنفس.

ومن أهم انفعالات الأطفال في هذه المرحلة

ظاهرة الخوف:

يعتبر الخوف أحد الانفعالات المهمة والشديدة في هذه المرحلة من عمر الطفل حيث يرتبك حين يواجه الطفل موقفاً يشعر فيه بالخطر وفقدان الأمن ويرافقه تغيرات فسيولوجية مثل تسارع نبضات القلب وجفاف الحلق، سرعة التنفس، ارتعاش الأطراف وتنتج عنه سلوكيات منها ما تكون خاطئة مثل (الهرب) ويزداد خوف الأطفال في هذه المرحلة ويتنوع ويصل إلى الخوف من الظلام ومن الحيوانات والأصوات، وحتى الخوف من البعد عن الأم.

ولنأخذ بعين الاعتبار أن مخاوف الأطفال مكتسبة من البيئة حيث يتعلم الخوف من الكبار حيث يقلد أمه وأباه وإخوانه في مخاوفهم وتتأثر مخاوف الأطفال بمستوى نضجهم وقدرتهم العقلية حيث يعتقد جيرسك وهولمز أن أصحاب الذكاء الكبير يتخيلون الخطر المحتمل الوقوع أكثر من غيرهم لأنهم أكثر قدرة على تخيل الخطر المحتمل ولأنهم يتمتعون بخيال أكثر خصوبة وأقدر على التفكير السليم ولا ننسى أن المخاوف إذا كانت طبيعية فإنها تحقق وظائف صحية كالخوف من الحيوانات المفترسة أو الآلات الخطرة أو الحافلات السريعة ولكن المبالغة في شدة الخوف تؤدي إلى إعاقة النمو عند الطفل وهناك توجد فروق فردية بين

الأطفال من حيث قابليتهم للخوف فعلى سبيل المثال خوفه من القطط وكذلك أن مخاوف الأطفال ليست ثابتة فقد تزول من الطفل مخاوف معينة لتحل محلها مخاوف أخرى.

ظاهرة الغضب:

يعد الغضب عند الأطفال في سن الروضة اكثر المظاهر الانفعالية وجوداً حيث يؤكد علماء النفس أن نوبات الغضب في هذه المرحلة هي شيء طبيعي ولا تصبح هذه النوبات الغضبية مَرضيَّة إلا عندما تكون عنيفة جداً وتتكرر بشكل زائد وتستمر لفترة طويلة ومن الملاحظ أن التعبير عن الغضب هو شيء هام لتنمية الذاتية عند الطفل إلا أنه يخلف التوتر بين الطفل وأبويه والشيء الهام هو أن العقاب قد يؤدي إلى عكس المطلوب، وأن أي محاولة لإسكات الطفل أثناء نوبة الغضب قد يؤدي إلى استمرارها إذ أن الطفل أثناء ذلك يكون مستعداً للاقتناع أو حتى السماع والنصيحة التي يقدمها المختصون لكيفية التعامل مع نوبات الغضب عند الأطفال؟ وأن يقتربوا من الطفل ويتحدثوا إليه بصوت هادي مما يساعد في تهدئته ولا يحوز مواجهة غضب الطفل بغضب من الكبار أو العقاب وعدم السماح للطفل بالحصول على أي مطلب عن طريق نوبات الغضب.

ظاهرة الغيرة:

تعد الغيرة حالة انفعالية يشعر بها الطفل نتيجة فقدان الامتيازات التي كان يحظى بها من قبل والديه نتيجة علاقته العاطفية معهما. بسبب ولادة مولود جديد أو عند وجود أخ أكبر يتمتع بامتيازات أكثر منه .. والسلوك الذي يسلكه الطفل يأخذ مظاهر متعددة مثل النكوص أو إلى مص الأصابع أو التبول اللاإرادي أو الحبو أو المناغاة .. أي يتخذ من خصمه نموذجاً يحتذي به للحصول على اهتمام الوالدين كذلك إن الغيرة عند الأطفال تزداد في الأسر الصغيرة اكثر من الأسر الكبيرة بسبب أن الاهتمام بالطفل يتركز في الأسر الصغيرة على الوالدين فقط أما في الأسر الكبيرة فقد يجد الطفل من يعوضه اهتمام الوالدين مثل الأعمام أو الأجداد أو الأخوة الكبار.

النمو الاجتماعي عند الأطفال:

تعد مرحلة الروضة أكثر المراحل حساسية من حيث تشكيل شخصية الطفل وتحديد

سلوكه الاجتماعي .. فالأسرة تلعب دوراً مهماً في تشكيل السلوك الاجتماعي للطفل من خلال عملية التنشئة الاجتماعية، عن طريق هذه التنشئة يكتسب الطفل السلوك والعادات والقيم والأدوار المهمة وكيفية التعامل مع الآخرين.

ومن أهم أشكال السلوك الاجتماعي لدى الأطفال في هذه المرحلة:

1- اتساع دائرة العلاقات الاجتماعية لدى الطفل:

فالعلاقات الاجتماعية للطفل تتسع لتشمل رفاق اللعب خارج الأسرة، ونجاح الطفل في التوافق مع الرفاق خارج المنزل يعتمد على الخبرات الاجتماعية التي يتلقاها داخل المنزل، فالطفل الذي يظل معتمداً على والديه تتأثر علاقاته بأقرانه.

2- التوحد لدى الطفل يعني التقليد:

حيث تم التقليد في بداية هذه المرحلة ويصل إلى أقصاه في أواخرها، والتوحد يشير إلى عمليتين الأولى تتضمن ملاحظة الطفل أنه يشبه آخر .. والثانية تتضمن مشاركة الطفل لهذا الشخص الآخر انفعالاته.

3- تحديد الدور الجنسي لدى الطفل:

ويقصد بذلك تنمية سمات سلوكية لدى الطفل تتناسب مع جنسيته، أي أن يكتسب الطفل الذكر صفات الذكورية .. وتكتسب الطفلة الأنثى صفات الأنوثة وعملية تحديد الدور الجنسي تختلف من مرحلة إلى أخرى.

4- الميل إلى التنافس لدى الطفل:

يظهر التنافس لدى الأطفال ما قبل المدرسة ويبلغ ذروته في سن الخامسة حيث تظهر المنافسة لدى الأطفال من خلال اللعب مع الأطفال الآخرين، وتظهر المنافسة عند الأطفال في هذه المرحلة من خلال رغبة الطفل بالتفوق على الآخرين وخاصة مع وجود أشقاء غيورين أو عندما يوجد في الأسرة أطفالاً من الجنسين.

5- الأنانية عند الطفل:

وتبلغ ذروتها ما بين الرابعة والسادسة من العمر ومن خلال اللعب يتعلم الطفل من الأطفال الآخرين أن الأنانية معوق له، مما يجعله يحاول تدريجياً إخفاء ميوله الأنانية لتحل

محلها ميول متصلة بالجماعة.

6- العدوان:

العدوانية عند الطفل تكمن في الاستجابة للإحباط، وتزداد ما بين سن الثانية والرابعة من العمر وتقل بعد ذلك حيث تزداد اتجاهات الصداقة والحب للأطفال الآخرين ، وينمو العدوان عند الأطفال عن طريق تدعيم النموذج العدواني كما أن الأطفال المحرومين من الحب والاهتمام وينتقدون باستمرار يكونون أميل إلى العدوان مع علاقاتهم مع غيرهم .

نماذج سجلات للملاحظات التي تضعها المربية

بسم الله الرحمن الرحيم

وزارة التربية والتعليم

روضة ....

سجل ملاحظات المربية

حول مظاهر النمو المختلفة لطفل الروضة

اسم الطفل:	الصف: ....
.النوع: ذكر-أنثى....................................	العام الدراسي: ....
تاريخ الميلاد:	اسم المربية: ....
تاريخ الالتحاق بالروضة:	

أولا: مظاهر الصحة العامة وانحرافاتها

(تسجل هنا التوصيات التي يوصي بها الطبيب لأخذها في الاعتبار عند التعامل مع الطفل وملاحظته)

أ- التوصيات الطبية الخاصة بالطفل:

نقاط الملاحظة	الملاحظات خلال الفترة الأولى آب أيلول تشرين (1) تشرين(2)	الملاحظات خلال الفترة الثانية كانون(1) كانون(2) شباط، آذار
ب- المظاهر الصحية العامة:		
1- الانتظام في الروضة: يعتبر الطفل غير منتظم في الروضة إذا غاب أكثر من أسبوع في الشهر ويذكر سبب الغياب إذا		

		كان لمرض أو سبب آخر.
		2- لياقة المظهر العام: بأن يكون نظيفاً ومرتباً في ملبسه وشكله العام.
		3- مدى تمتع الطفل بالنشاط أثناء اليوم: إما أن يكون متمتعاً بالنشاط طوال اليوم أو نصف اليوم أو يكون خاملاً طوال اليوم.
		4- سرعة التعب بعد المجهود الحركي: يعتبر الطفل لا يتحمل مجهوداً عندما ظهر عليه إرهاق واضح (نهجان وتعب بمجرد البدء في النشاط).
		5- كثرة التردد على دورة المياه: يعتبر الطفل كثير التردد على دورة المياه إذا تردد عليها أكثر من مرتين خلال نصف ساعة (ويستبعد التردد بسبب اللهو أو الهروب من الحصة أو شرب المياه).
		6- تكرار الشكوى من: ألم بالرأس أو الأذن أو الأسنان والحلق أو مغص

94

		بالبطن أو آلام المفاصل، دوخة وعدم وضوح الرؤية أو عدم السمع بوضوح.
		7- تكرار الإصابة بأشياء مثل: التهاب اللوزتين، نزيف في الأنف، حك الشعر، احمرار العين، دمامل بالجسم، قيء، إسهال، نزلات برد.
		جـ- اضطراب البصر:
		1- تقريب العين للشيء المراد رؤيته. 2- تكرار العين عند الرؤية. 3- تكرار فرك العين أو الرمش. 4- إغلاق أحد العينين أو تغطيتها عند الرؤية. 5- خلل عند الرؤية.
		د- اضطراب السمع:
		1- طلب تكرار السؤال الموجه له. 2- توجيه أحد الأذنين اتجاه المتكلم أو اتخاذ وضع

معين عند الاستماع. 3- مراقبة شفتي المتكلم بإمعان. 4- الفشل في الإجابة عن أسئلة بسيطة أو اتباع التعليمات.		
هـ- اضطراب النطق:		
1- الجلجلة. 2- تأتأة		
و - عيوب القامة:		
1- إحالة الرأس للأمام أو الجهة عند الجلوس أو المشي. 2- تقوس الأكتاف للأمام. 3- بروز البطن. 4- إمالة العمود الفقري. 5- تقوس الساقين أو التصاق الركبتين. 6- اتجاه القدمين للداخل أو الخارج. 7- الارتكاز بثقل الجسم على مفصل الكعب. 8- مشية غير عادية		
ز- العادات الغذائية للطفل في الروضة:		

1- يتناول الإفطار في المنزل. 2- يتاول وجبة الإفطار في الروضة. 3- يـرفض تنـاول طعـام معـين (يذكر). 4- يمارس آداب جيدة على المائدة: أ- نحـو نفـسه بالحفـاظ عـلى نظافته ونظافة ما حوله. ب- ونحـو الآخـرين مثـل عـدم الاعتداء عـلى الأطفـال أو عـلى طعامهم. 5- يعتمد على نفسه في التغذية		

ثانيا: مظاهر النمو الحركي

نقاط الملاحظة	الملاحظات خلال الفترة الأولى آب آب أيلول تشرين(1) تشرين (2)	الملاحظات خلال الفترة الثانية كانون(1) كانون(2) شباط، آذار
أ- العضلات الكبيرة:		
1- الجلوس: (يجلس على الأرض، الوقوف بعد الجلوس).		
2- الوقوف (مع ضم الكعبين، على القدم اليمنى، على القدم اليسرى).		
3- المشي: للأمام في خط مستقيم- المشي للخلف.		
4- الجري: الجري في خط مستقيم، الجري في دائرة.		
5- الوثب: على القدم اليمنى، على القدم اليسرى.		
6- الركل بالقدم: ركل الكرة بالقدم، ركل الكرة بالقدم نحو هدف محدد.		
7- الصعود: بالاستعانة بالحاجز، بدون الاستعانة بالحاجز.		
8- التزحلق.		

		9- الدوران: في دائرة، الدوران مع التوقف المفاجئ.
		10- الرمي نحو هدف.
		11- التلقف: تلقف كرة كبيرة، تلقف كرة صغيرة.
		ب- مظاهر نمو العضلات الدقيقة:
		1- الإشارة بالسبابة إلى أشياء تحددها المعلمة.
		2- الإلتقاط: التقاط مكعب 2.5سم والتقاط حبة خرز قطرها 0.5سم.
		3- بناء برج من المكعبات من 4-8 مكعبات طول ضلع المكعب1.5سم.
		4- يتناول الصلصال ويشكله
		5- مسك الأشياء: مثل كوب بلاستيك بيد واحدة (اليمنى أو اليسرى).
		6- طي الورق.
		7- فك وتركيب.
		8- فتح الصفحات.
		9- نظم الخرز.
		10- تزرير الملابس.
		11- عمل ربطة.
		12- مسك القلم.

13- رسم دائرة.		
14- رسم خط مستقيم.		
15- رسم خطين متقاطعين.		
16- رسم شكل رباعي.		
17- قص الورق في خط مستقيم.		

ثالثاً: مظاهر النمو المعرفي

نقاط الملاحظة	الملاحظات خلال الفترة الأولى آب آب أيلول تشرين(1) تشرين (2)	الملاحظات خلال الفترة الثانية كانون(1) كانون(2) شباط، آذار
1- التذكر: يتذكر الخبرات السمعية مثل جزء من آية قرآنية أو نشيد أو قصة ويتذكر الخبرات البصرية مثل صور أو أشياء سبق عرضها عليه.		
2- الانتباه: يعدد أشياء محددة موجودة أمامه بعد توجيه انتباهه إليها.		
3- تكوين المفاهيم عن : - العدد،يذكر الأرقام بصورة متسلسلة. - العدد: إدراك مفهوم العدد (الكم). - المكان: (فوق-تحت-أمام-خلف-بجانب). - الاتجاه: يمين ويسار. - الأشكال : (مستطيل-دائرة-مربع).		

- الأحجام: أكبر وأصغر. - الألـوان: الألـوان الأساسـية فقط. - الأطوال. - الـزمن: صـباحاً ومـساء، وأمس واليوم وغداً. - الأوزان: ثقيل خفيف.		
4- التـصنيف: التـصنيف حـسب الخاصـية (حـسب اللـون- الطول-الحجم-الشكل..الخ). -التـصنيف حـسب الوظيفـة أي حـسب الاسـتخدام (مـا يؤكـل-مـا يلبس..الخ).		
5- الاستكشاف والاستطلاع: - الإكثار من الأسئلة حول الأشياء. - العثور على الأشياء بعد إخفاقها.		
6- تمييـز علامـات الاخـتلاف والتشابه بين الأشياء.		
7- إدراك العلاقات - العلاقة البـسيطة كالعلاقـة بـين وظيفـة شـخص والأدوات التـي يـستخدمها كالعلاقـة بـين الطبيـب والسماعة. - العلاقـات المركبـة بـالربط بـين الـسبب		

والنتيجة مثل عبور الطريق دون انتباه والتعرض للحوادث.		
8- المهارات اللغوية: - يتبع التعليمات المحددة الصادرة له. - يسمي الأشياء بأسمائها الصحيحة. - يصف محتويات صورة تعرض عليه. - يستخدم عبارات ذات معنى معين مكونة من ثلاث كلمات على الأقل.		

رابعاً: النمو النفسي والاجتماعي

نقاط الملاحظة	الملاحظات خلال الفترة الأولى آب أيلول تشرين(1) تشرين (2)	الملاحظات خلال الفترة الثانية كانون(1) كانون(2) شباط، آذار
أ- المظاهر الإيجابية للنمو النفسي والاجتماعي		
1- يألف الروضة ويقبل عليها.		
2- يكون علاقات إيجابية مع الكبار ومن مظاهرها تجاوبه مع الكبار في الحديث واطمئنانه إلى وجوده مع الكبار.		
3- يشارك الأطفال في اللعب.		
4- يبادر في نشاطه مع الآخرين (يقترح أنشطة للعب مع الأطفال يتقدم لمساعدة المربية والأطفال).		

5- يظهر الطمأنينة في المواقف المختلفة مثل الذهاب لغرفة المرضة أو الطبيب أو وجود غرباء أو الانتقال لصف غير صفه.		
6- يغلب عليه المرح.		
7- يميل لقيادة الجماعة التي يوجد بها.		
8- يتمتع بحب الأطفال الآخرين.		
ب – مظاهر سوء التوافق النفسي والاجتماعي:		
1- يفضل الجلوس منعزلاً.		
2- ينسحب من المواقف بسرعة.		
3- كثير العدوان على زملائه بالضرب أو السب أو الاستحواذ على ممتلكاتهم.		
4- يعاند في المواقف المختلفة (يعارض الإرشادات- لا يستجيب للمربية، يصر على موقفه.		
5- يتردد عندما يطلب منه عمل شيء (يحتاج للحث والتشجيع باستمرار-يحتاج للمساعدة للقيام بعمل شيء ما).		
6- يغلب عليه الاكتئاب.		
7- لا يبالي بالعمل والنشاط: (لا يشارك الأطفال اللعب والنشاط، لا يهتم بإنجاز		

		العمل المطلوب).
		8- يبكي بسرعة لأقل سبب.
		9- يتعلق بالمربية معظم الوقت.
		10- تظهر عليه علامات عصبية لا إرادية مثل هز الكتف والرأس وحركات الوجه ورمش العين.
		11- يظهر عادات عصبية مثل مص الأصابع وقرض الأظافر وشد الشعر وعض الشفة.
		12- مظاهر قلق أخرى مثل اللجلجة والتبول اللاإرادي واضطراب النوم.

وقد دعا جون ديوي إلى ربط منهج رياض الأطفال بالبيئة وخبرات الطفل، لأن ذلك يرفع من مستوى القدرات العقلية، والنمو المعرفي عند الطفل كما أكد جان بياجيه على أن هناك بعض العوامل تؤثر في النمو المعرفي عند الطفل مثل:

أ-   الخبرات الطبيعية بالأشياء.

ب-   الخبرات التي يتلقاها الطفل عن الآخرين.

ج-   النضج ونمو الجهاز العصبي اللذين يؤثران في النمو المعرفي.

وعلى واضعي برنامج رياض الأطفال أن يأخذوا بعين الاعتبار النقاط السابقة. أما فيما يتعلق بالبرنامج اليومي لمرحلة رياض الأطفال فيميزه القول بأنه ليس هناك برنامج محدد ولكن يبقى تحديد البرنامج راجعاً إلى المعلمة، والنموذج التالي يوضح ذلك:

من		إلى	
9.00	-	9.15	الوصول إلى الروضة، وإلقاء بعض الأناشيد
9.15	-	9.45	ألعاب حرة - ركض، التمرجح.
9.45	-	10.15	لعب حر هادئ بالمعجونة والألوان.
10.15	-	10.45	محادثة عن طريق النظر إلى الشيء والتحدث عنه.
10.45	-	11.00	استراحة، موسيقى هادئة.
11.00	-	11.15	ألعاب خفيفة موسيقى، أشعار، أناشيد.
11.15	-	11.45	ألعاب خفيفة استماع قصة، العمل بالطين والمعجون.
11.45		12.00	إعادة الأدوات إلى مكانها.
12.00			العودة إلى البيت.

وبعد ملاحظة الخطة اليومية أو البرنامج اليومي نرى أنها تربط التدريس بواقع الطفل وتعطي الطفل نوعاً من الحرية.

إن برنامج رياض الأطفال قد حددت مستوى أو نوعية مرحلة التفكير العقلية التي يمر بها الأطفال في تعلم كثير من الأنشطة الفكرية والحركية وهذا بدوره يمهد لمرحلة التعلم في المدرسة الابتدائية الأساسية.

الفصل الرابع

الخبرات التعليميـــــة في الروضة

ودورها في تربية الطفل

اللعب في مرحلة الروضة

الدراما والتمثيـــل

القصة التعليمية

أناشـــيد الأطفال

الفصل الرابع
الخبرات التعليميـــــة في الروضة
ودورها في تربية الطفل

اللعب في مرحلة الروضة

تمهيد

ترى مؤسسات التربية الحديثة أهمية كبيرة للعب من خلال مناهجها وتحاول توفير إمكانيـات كبـيرة لـه حيث ترى ببساطة أن الأطفال في مرحلة ما قبل المدرسة يتعلمون بشكل أكبر وبصورة أكثر مما يتعلمونـه في أي وقت آخر من عمرهم. فالأطفال في سن الروضة يكتسبون كماً من الخبرات أكبر.

كما أن صاحبة النظرية التربوية (ماريا مونتسيوري) في عام (1894) قالت أن الطفل يتأثر باللعب ويحب النظام ويكره الفوضى، كذلك فإن أفلاطون هو أول من أدرك أهمية اللعب للأطفال فقد كان يوزع التفـاح عـلى الأطفال لمساعدتهم على التعلم من خلال اللعب، وكذلك أرسطو يـرى أن عـلى المعلمـين تشجيع الأطفال عـلى اللعب بالأشياء التي يستعملونها حقيقيا لهذا يجب أن نهيئ للطفـل مناخـاً يـشعره بحريتـه واستقلاليته وأن تكون المعلمة أكثر تشجيعا له.

قد أثبتت الدراسات الحديثة نجاح أسلوب ماريا مونتسيوري التربوي في تطوير شخصية الطفل.

مفهوم اللعب عن طفل الروضة

أوجد التربويون للعب تعريفات جديدة أغلبها ركزت على أهمية اللعب التربوية وقيمتـه الترويحيـة وفي نفس الحين ركزت تعريفات أخرى على قيمة اللعب الاجتماعية والنفسية وسنتطرق إلى بعض هذه التعريفات.

اللعب نشاط طوعي من أجل الفرح والسرور كما يعرف جود (Good) (الموسوعة البريطانية).

اللعب نشاط هادف وموجه أو قد يكون غير موجه يقوم به الأطفال من أجل المتعة والترويح يشغل طاقة جسم الطفل الحركية والذهنية الكبيرة ويمتاز بالسرعة والخفة أما (شابان) فيعتقد أن اللعب هو نشاط فردي أو جماعي للأطفال يمارس من أجل المتعة دون دافع آخر.

في حين آخر يعرف التربوي بياجيه اللعب بأنه عبارة عن عملية تقوم بتحويل المعلومات الموجودة عند الطفل لتلائم حاجاته المتجددة.

وقد استخلصنا من مجموعة التعريفات السابقة أن اللعب هو عبارة نشاط يمارسه الطفل من أجل المتعة والفرح يعبر من خلاله عن رغبة ملحة للتعبير عن ذاته ومعرفة عالمه وهو وسيلة مهمة لنمو شخصيته القادمة .

ثبت أن الأطفال الذين طبق عليهم نظام المونتسيوري يملكون القدرة على التوافق مع البيئة المحيطة أكثر من غيرهم من الأطفال كما أنهم أكثر ذكاء وإبداعاً من الناحية الاجتماعية والعقلية.

إن اللعب يعد لغة حقيقية طبيعية للأطفال من سن 2ـ9 سنوات حيث يقوم الطفل بالتعبير من خلال اللعب عن مشاعره فقد يقفز إذا فرح ويضرب إذا غضب ويقوم بالبكاء إذا حزن وهذا يرجع بخاصية المرحلة أي عدم قدرته في هذا السن على استخدام الألفاظ للتعبير عن انفعالاته.

فاللعب هو المعبِّر الأساسي عن حاجات الطفل من سرور واستمتاع ونشاط والترويح كذلك فإنه ضرورة بيولوجية لبناء شخصية الطفل ونموها وتكاملها ويعتبر للكبار شيء مهم يتعرف على عالم الطفل وللطفل وسيلة مهمة يتعرف على ذاته وعالمه وأثبتت الدراسات أن هناك صعوبة بفصل اللعب عن العمل. فالتربية الصحيحة هي التي تجعل العمل يقترب من اللعب ولا يتحول اللعب إلى عمل تحت أي ظرف من الظروف.

اللعب ونمو الأطفال في مرحلة رياض الأطفال

إن لكل طفل سرعة خاصة في نمو حجمه وشكله ووزنه ومظهره وانفعالاته به، وشخصيته تنمو حسب ظروفه الخاصة لذلك فعملية النمو يمكن أن تمر بمراحل يتخللها عدد من نقاط التحول لابد من معرفتها من قبل الآباء والمربين والمعلمين لفهم التطور في نمو الطفل فعلى سبيل المثال فالطفل في أواخر السنة الأولى من العمر يكون في وضعة الطبيعي قادراً على الحبو ثم يتمكن من عملية المشي وبعد سنتين يصبح مستعدا لدخول الروضة أي أن النقاط الأولى في التحول في حياة الطفل وفي كل طفل يصل إليها يصبح قادراً على التحول والتغيير في كل مرحلة من هذه المراحل يتحول ويتغير بطرق عديدة ولابد ما أن يقوم المعلمين وأولياء الأمور بفهم طبيعة هذه التغيرات حتى يمكن توفير من يحتاج إليه الطفل في البيت والروضة لذلك عليهم أي الآباء والمعلمين معرفة أن الطفل لا يحتاج لأن ينشأ ويتعلم فقط بل يجب أن يهيئ له الجو المناسب للنمو حتى يصبح تدريجياً الفرد الذي يجب أن يكون في المستقبل.

إن الكثير من الانحرافات والعيوب تنتج بسبب التدخل في عملية النمو عند الطفل بعدم إعطائه حاجاته المهمة وتعطيل قابليته ورغباته لذلك يتبين أهمية كل مرحلة من مراحل نموه وأن لا يكون مدفوعا إلى النمو أو محروماً مما يحتاج إليه ويجب أن لا يمنع من الانتقال أي أن أهم طرق إعداد الطفل لمستقبله أن يعيش حاضره ويحقق ذاته، أن يعمل في كل مرحلة من مراحل نموه بطريقة سليمة تساعده على التغيرات التي تتطلبها مرحلة النمو التي يكون الطفل فيها لذلك لا يمكن أن تكون تنشئه وتربيته عملية يرغم فيها على النمو وإنما هي مساعدته في نموه التلقائي المرحلي.

إن الطفل ينمو قبل دخوله الروضة نمواً سريعاً وعندما يزداد حجمه وطوله ووزنه يصبح أكثر حيوية ويزداد نموه العقلي فيتعلم كيف يتعامل مع الناس والأشياء من حوله فكل حاسة من حواس الطفل وكل جزء من جسمه هو وسيلة للنمو في مرحلة دخوله الروضة وما قبلها وما يعطي من نشاط يساعده على النمو ويجب أن يعرف المربين وأولياء الأمور والمعلمين أن نمو الطفل يعتمد على نشاطه في مختلف ألوانه.

لذلك يحب الطفل اللعب والاختبار والاكتشاف ويختلف نوع النشاط من طفل لطفل وفق مستوى نموه وحاجاته واهتماماته ومقدرته واستعداده وعليه فبرنامج اللعب الشامل الذي يقوم بمساعدة الطفل على النمو هو الذي يحقق الأهداف الآتية:

1- إثارة المقدرة على التفكير الحر.

2- يؤدي إلى نشاط الجسم .

3- يؤدي إلى النشاط الاجتماعي بالاشتراك مع الكبار والصغار.

4- يعطي للطفل فرص للتعبير الابتكاري.

كما يجب أن تتضمن هذه الخبرات الأمور الآتية:

1- فرص الاعتبار والتغير للطفل بإثارة اجتماعية.

2- تقديم أنواع النشاط الذي يمس الميل إلى التعاون الفعال.

3- اعتماد مشروع يثير اهتمام الطفل.

4- إعطاء الطفل الفرص المناسبة لكي يفعل ما يريد حسب المعقول.

5- توفير المكان المناسب لكي يلعب مع جميع الأطفال.

أنواع اللعب

1- اللعب التخيلي أو الإيهامي:

اللعب التخيلي هو شكل من أشكال اللعب يتعمق في مرحلة الطفولة ويبلغ هذا الشكل ذروته ما بين الشهر الثامن عشر والسنة السابعة أو الثامنة من العمر وهذا يتفق مع تعلم الطفل الإشارة إلى الأشياء في غيابها ويتعلم الطفل في هذا السن اللعب الإيهامي من الأطفال الأكبر منه سناً عن طريق المحاكاة فالطفل في حالة اللعب الإيهامي يتخذ شكل تكرار مشهد بسيط لحادث حقيقي صغير ويصبح أكثر صعوبة عن طريق دمج الواقعية بالحركية. فالأطفال في سن الرابعة والخامسة يلعبون لعبة القراصنة ويستمتعون بالتحدث عن أدوارهم ويتحولون فجأة من الواقع إلى الخيال ويكونون قادرين في التفريق بين الأمرين في ألعابهم حتى إذا رويت لهم قصة جديدة يتحرون دقة المعلومات ويسألون هل هي حقيقة أم خيال.

كذلك كلما تطور نمو الطفل زاد استخدامه للمواد بطريقة أكثر تعقيداً فعلى سبيل المثال يستخدم الرمل في بناء نفق بدل من حفر حفرة فالأطفال من خلال لعبهم الخيالي يقلدون

أدوار الكبار فعلى سبيل المثال قد تلبس الفتاة الصغيرة حذاء أو قميص أو حقيبة أمها لتظهر أنها أم أو سيدة كبيرة كذلك قد يتقبل بعرض الأدوار المرعبة ويصورها أقل ألماً بحيث يتصور نفسه مارداً لكي يتغلب على خوفه فالطفل الذي يعاني من الفقر يتخيل نفسه رجلاً غنياً يوزع الأموال على الفقراء.

لذلك يعني اللعب الإيهامي صورة مصغرة للثقافة السائدة في مجتمعنا العربي كذلك بعكس أفكار العصر الذي يعيش فيه الطفل عن طريق تمثيل الأحداث التي يمر بها في حياته اليومية كذلك فهو يكرر كل ما يرى ويسمع من خلال المحاكاة في لعبه فعلى سبيل المثال وإن الأطفال في فلسطين يلعبون ألعاباً تخيلية تتضمن الجنود والدبابات والمسدسات والطائرات فاللعب الإيهامي للطفل من حيث تحرره من القيود والضغوط والإحباط والأوامر كان يعيش حياته أو أحداثاً معيشية يرغب في أن تحدث معه.

2- اللعب الجماعي

إن اللعب الجماعي مهم جداً للأطفال في مرحلة رياض الأطفال ففي السنة الثانية والثالثة من عمر الطفل يلعب لعباً موازياً أي بوجود الآخرين وليس معهم وكلما تقدم الطفل بالعمر يصبح أكثر تعاوناً وتواصلاً مع الآخرين. فاللعب الجماعي يعتمد على اللعب الذي يمتاز بالصعوبة وكذلك يزداد عدد الجماعة مع تقدم عمر الطفل ففي السنة الثالثة من عمر الطفل تتكون جماعة الطفل من ثلاث أطفال ولا يستمرون باللعب لفترة طويلة أما في السنة الخامسة من عمر الطفل تكون جماعة اللعب عددها من أربعة إلى خمسة أطفال وتكون فترة اللعب أطول فاللعب الجماعي لدي الأطفال يبدأ عندما يتقاسم الأطفال الألعاب والأنشطة ومع تقدم عمر الطفل يفضل الطفل اللعب الجماعي ويتعلم من خلال الخبرة والممارسة كيف يشارك غيره اللعب ويقاسمهم الأدوار.

ينمى اللعب الجماعي شخصية الطفل في مرحلة رياض الأطفال ويزيد من اهتماماتهم الجماعية والمحرومون من اللعب الجماعي يكونون أقل ثقة بقدراتهم خارج أو داخل الأسرة.

كما أن التحاق الطفل بالروضة وخروجه من المنزل لفترة قصيرة من شأنه إعداده إعداداً صحياً لفترة المدرسة المقبلة فالطفل في سن السادسة والثامنة يلعب مع أي جماعة دون وضع اعتبارات مهمة للأخلاق أو التمييز العنصري أو الجنسي أو الديني أو الاجتماعي أو لون

بشرته وكلما زاد عمر الطفل زادت ألعابه تعقيدا فعلى سبيل المثال يبـدأ باستخدام ألعـاب التنـافس مثـل كـرة القدم والمصارعة وتكون هذه الألعاب أكثر استخداماً لدى الذكور.

أهداف اللعب:

يعني اللعب أمرا مهما في حياة الطفل لأنه يؤدي به إلى الراحة النفسية والجسدية وذلك ممـا يسـاعد في بناء شخصيته الجسمية والنفسية والعقلية ويعمل على نموه نمواً سليماً وذلك يجب أن يحقق اللعب في مرحلـة رياض الأطفال الأهداف الآتية:

1- أهداف نفسية: وهي تعمل على وجود حالة مـن التـوازن النفسـي والهـدوء ومقاومـة الاضطرابات النفسية لدى الطفل.

2- أهداف حيوية وعضوية: وهي تقوم بتنشيط الوظائف والأعضاء الجسمية.

3- أهداف اجتماعية: وتعمل على إعطاء الطفل المقدرة على التعبير عن نفسه بطرق صحيحة والتكيف مع مجتمعه وبيئته المحيطة به.

أهمية اللعب عند طفل الروضة

اللعب مهم للطفل من خلال تعبيره وخيالاته وهو المجال الذي يتصل فيه بما يحيط به وبواسطته ينمـو جسديا وعقلياً واجتماعياً ونفسياً ومن خلال اللعب يستطيع الكبار فهم الصغار ومساعدتهم على النمو السليم، واللعب أيضا ينفس عن التوتر الجسمي والانفعالي ومن خلاله يتعلم الطفل عن نفسه وعـن العـالم مـن حولـه. فعملية التعليم في رياض الأطفال تحدث من خلال احتكاكه وتعامله مع الألعاب والوسائل التربوية الموجودة في الروضة ولذلك أهمية اللعب تكمن في ما يلي:

1- يكسب الطفل الخبرة الكبيرة أو التعليم والعمل الفعال.

2- يعلمه التنسيق والتحكم في حركات العضلات الجسمية بشكل متوازن.

3- ينقل إلى الطفل الثقافة العملية.

4- يساعد على تعليم الطفل المشاركة الاجتماعية مع المحيطون به .

5- يقوم بتعليم الطفل مهارات تعليمية مثل عد الألعاب وفرزها.

6- يقوم بتعليم الطفل كيفية الترتيب والتنظيف وتحمل المسؤولية المعيشية.

7- إعطاء الطفل فرصة سانحة للتعرف على النواحي الجسمية.

8- يقوم بإعطاء الطفل قدرة على نشر روح الفكاهة.

9- يعطيه القدرة على حل المشاكل وكيفية حلها بطرق صحيحة ويعلمه التركيز والتفكير واتخاذ القرار .

10- يكسبه قدرة على التعبير عن مشاعره بكل راحة.

نظريات تفسير اللعب عند طفل الروضة

نظراً للأهمية العظيمة التي يتمتع بها اللعب عند الأطفال في مرحلة ما قبل المدرسة بشكل خاص وعند الإنسان بشكل عام فقد وضع الباحثون تفسيرات عدة لمعرفة هذه الحقيقة من خلال الإجابة عن السؤال لماذا نلعب؟ أو لماذا يحب الأطفال اللعب؟

وأهم النظريات التي فسرت اللعب عند الأطفال ما يلي:

أ- نظرية الطاقة الزائدة عند الطفل

إن الطفل يمتلك طاقة زائدة بداخله ناتجة عن حاجاته وتراكم هذه الطاقة بداخله يدفعه في البحث عن طريقة للتخلص من هذه الطاقة التي تحتم عليه إخراجها بوسائل اللعب المختلفة وقد فسر الفيلسوف الإنجليزي (هربرت بنسر) وقال أن اللعب أصل الفن وأنه تعبير عشوائي عن الطاقة الزائدة وقد اعتمد الكثيرين من العلماء والفلاسفة وأيضاً المربين هذه النظرية ولذلك أنشئوا العديد من ساحات اللعب بالمدارس والأماكن العامة وغيرها وفي النهاية وجدت هذه النظرية اعتراضاً وهو أن الطفل يلعب ويصر على اللعب رغم تعبه ومرضه أي أن اللعب ليس محصوراً على من لديه طاقة زائدة.

ب- النظرية التحليلية

إن واضع هذه النظرية (ستانلى هول) وتفيد أن الطفل يمر بالأدوار التي مر بها تطور حضارة الإنسان والطفل يكرر تاريخ الجنس البشري من خلال لعبه أي يعتبر اللعب ملخصاً للعادات الحركية للجنس البشري . فعلى سبيل المثال الطفل وهو يسبح أو يتسلق الشجار أو يمارس ألعاب الصيد .. الخ. فهو يقلد ما كان يفعله أجداده قديماً وأيضاً إن الإنسان يؤدي

أدواراً حديثة العهد فإن العصر الذي يتطور فيه الإنسان ويبتكر ألعاباً جديدة تتناسب مع روح العصر وقد يستغني عنها غداً، فنشاطات الإنسان وليدة عصرها، وقد يمارس الطفل هذه النشاطات كما قد يمارسها الإنسان الكبير.

ومعظم علماء الوراثة يرفضون هذه النظرية، لأن الصفات المكتسبة لا تورث.

ج- نظرية الإعداد للعمل والحياة:

في هذه النظرية يعتبر اللعب وسيلة للتدريب على ظروف الحياة وإعداده لوظائف الحياة في المستقبل، وتستند هذه النظرية على الأساسي البيولوجي للطفل أكثر من اعتمادها على مظاهر اللعب ذاته، فعلى سبيل المثال الطفل لا يلعب بمجرد أنه طفل أو لأن مرحلة الطفولة هي مرحلة لعب ولهو وإنما لأن الطبيعة جعلت من هذه المرحلة إعداداً لنشاط الكبار.

وتنطبق هذه النظرية على لعب الأطفال بالأسلحة كالسيوف أو المسدسات أو المدافع على أنه استعداد للقيام بالقتال لمواجهة الأعداء . كما أن لعب البنات بالدمى وأدوات المطبخ أو الخياطة يعكس استعدادهن للقيام بهذه المهام في المستقبل فاللعب هنا أسلوب للتدريب على عمل جدي مهم في المستقبل.

د- النظرية الترويحية:

تعتبر هذه النظرية وسيلة للتخلص من الأمور النفسية والتي تأتي نتيجة الضغوط الموجودة في الحياة أو العمل وكذلك إن اللعب وسيلة لاستعادة النشاط الذهني والابتعاد عن مشاغل الحياة من خلال التسلية والرياضة وأيضاً هي وسيلة ممتعة للترفيه بعد العمل.

هـ- النظرية الاجتماعية:

من خلال هذه النظرية يعمل على تقليد أنماط سلوكية اجتماعية فعلى سبيل المثال يقلد الولد أباه في عمله وسلوكه كذلك تقلد البنت أمها في عملها ولبسها والنساء في سلوكهن كذلك يقلد الأطفال طباع آبائهم وأجدادهم وأيضاً يقلدون العادات الاجتماعية الموجودة في المجتمع مثل عادات الطعام والكرم وطريقة الكلام واللهجة وغير ذلك مما هو سائد في مجتمعهم.

أدوار اللعب والنشاط التربوي

إن الأدوات التربوية السليمة والناجحة هي التي تمكن الطفل من الإبداع والتعبير عن أفكاره وتساعده في مختلف الميادين وتقوم بصقل مواهبه العملية التعليمية في مرحلة ما قبل المدرسة (الروضة) التي تظهر خلال مشاركته في النشاطات الموجهة والهادفة فهو يتعلم ويكتسب الخبرات من خلال احتكاكه المباشر مع الألعاب والوسائل التربوية على نحو ما يأتي:

ألعاب التركيب والبناء:

وهذه الألعاب عبارة عن أشكال وقطع خشبية وبلاستيكية مختلفة الأشكال والألوان والأحجام وكذلك حبال وخيوط بأطوال مختلفة ونماذج من الطائرات والسيارات والعربات المتنوعة، ونماذج لشخصيات مختلفة ومختلف حيوانات الغابة والصحراء والبحر وأحاجي خشبية وصور مركبة ويجب أن يتوفر في غرفة الصف علب كبيرة لتعبئة كل هذه الألعاب ويمكن أن تكون من الخشب أو البلاستيك أو الكرتون.

ويجب أن تكون هذه الألعاب مرتبة في مكان معين في أحد زوايا الصف حتى لا ينزعج الأطفال أثناء اللعب ولهذه الألعاب فائدة كبيرة ومهمة لتنمية تفكير الطفل والذاكرة أيضا والقدرة العقلية الكبيرة إلى جانب المتعة والترويح.

◆ الكتب والقصص:

يجب أن تتوفر في غرف صف رياض الأطفال عدد من الكتب حتى يقرأها الأطفال وعدد آخر تقوم المعلمة بقراءته لهم ويجب أن يسمح لهم بسرد الحكايات والقصص والأناشيد لأن التعبير الشفوي بالنسبة للأطفال مهم وطريقة أخرى للابتكار والتعبير عن النفس وللأطفال قدرة على ذلك.

كذلك تحقق القراءة والكتب للأطفال المتعة والتعليم والحكايات التي تقصها وتسردها المعلمة على جانب كبير من الأهمية والقيمة سواء كانت خيالية أم واقعية فالأطفال يفضلون ويتمتعون بالإصغاء للحكايات البسيطة والفكاهية ويصحبها صور ملونة وعلى المعلمة أن تضع الكتب والقصص في زاوية هادفة في الصف بحيث يستطيع الطفل الجلوس لوحده أو مع

أصدقائه الأطفال لكي ينظر إلى الكتب والصور ويتعلمون تقليبها ويمكن أن تقوم المعلمة بتوزيعها عليهم وهم جالسين في أماكنهم ويمكن وضعها على رفوف خاصة في متناول يد الأطفال والمعلمة لكي يسهل استعمالها.

- ألعاب التمثيل:

يجب أن تخصص المعلمة زاوية خاصة في غرفة الصف للتمثيل أو زاوية تحتوي على مستلزمات المنزل وبحجم صغير يتناسب مع حجم الطفل مثل أثاث غرفة النوم والطعام والجلوس والأعمال المنزلية بالإضافة إلى علب كرتون، ملابس ، ألعاب مختلفة الأحجام أدوات النظافة في المنزل، هاتف، ويمكن أن تكون معها ألعاب تعليمية أخرى حسب الإمكانيات المختلفة أثناء العام يتعلم الطفل من خلالها مثل أدوات النجار ، أدوات الطبيب، وغير ذلك من المهن الأخرى ويمكن أن تخصص المعلمة صناديق خاصة أو في إحدى الزوايا أو الرفوف في الصف لكي يستعملها الأطفال ويستفيد من أهميتها.

- ألعاب النشاطات اليدوية (الحسابية):

يميل الأطفال في هذه المرحلة من عمرهم على العمل بأصابعهم وبأياديهم ومحاولة معرفة الأشياء وفرزها ومعرفة الأحجام والأشكال والمقارنة ويمكن أن تضع المعلمة على رفوف خاصة في غرف الصف الخزائن الخرز الكبير وألعاب مختلفة الأشكال والأحجام وعدادات مختلفة الأحجام والأصناف وأزرار لغاية التصنيف وساعات وموازين نقود ومكعبات (ليجو) وألعاب لمعرفة العدد أو الرقم والصور المركبة.

- الألعاب الفنية:

يجب على المعلمة تخصيص رفوف خاصة لوضع الأدوات الخاصة بالفن لكي يتمتع الطفل باللعب الحر وتكون قريبة من الطاولة التي يكون عليها الألعاب الفنية ويمكن وضعها على سبيل المثال في عربة تجر بسهولة ثم تخزينها في مكان آخر.

تحتوي اللوازم الفنية على لوح الدهان، فراشة دهان أفلام للتلوين مقصات ورقة ملونة ، وورق أبيض وصمغ ، صلصال متنوع المادة واللون، ألوان زيتية ومائية للدهان بأصابع والريش .

يجب أن يستعمل الأطفال الألعاب الفنية في أوقات حرة ويمكن التداخل غير المباشر من المعلمة أحيانا لكي تقوم باكتشاف مواهب الأطفال وإبداعاتهم الذاتية.

◆ **الألعاب العلمية:**

يجب على المعلمة تخصيص رفوف خاصة يوضع عليها لوازم الألعاب العلمية مثل أدوات الشجر ، أصداف بذور نباتات مزروعة، مغناطيس ومجهر وغيرها من الأدوات والمواد اللازمة التي يمكن أن تستعين فيها المعلمة خلال العام وقت العمل ويمكن أن نضع اسماً لهذه لزاوية مثل (مكان الاستكشاف) أو (مكان المعرفة).

◆ **اللعب في الرمل:**

يجب على المعلمة أن تضع الرمل في أوعية بلاستيكية كبيرة الحجم وأيضاً تضع أوعية فارغة بداخلها منخل طحين ، فناجين ، ملاعق لكي يتم اللعب فيه وتعاد بعد ذلك للأوعية ليتم حفظها إلى وقت اللعب.

◆ **الألعاب الموسيقية والإيقاعية:**

يحب الأطفال في مرحلة الروضة اللعب على أنغام الموسيقى فالألعاب المصحوبة بألحان موسيقية تستهوي الأطفال وتثير متعتهم وخصوصاً الإيقاع غير المعد أي البسيط ويجب على المعلمة تخصيص مكان مناسب للألعاب الموسيقية ولكي يتمكن الأطفال من تعلم الأناشيد واللعب والمتعة أو تقليد أصوات السيارات والحيوانات والقطارات والطائرات وكذلك يمكن إسماع الموسيقى من الآلات المسجلة ومن الآلات الموسيقية المفتوحة ومن الآلات مثل دف ، صنوج ، طبول ، خشاخيش وأجراس وأدوات قرع بسيطة وغير ذلك حسب الإمكانيات المتاحة في المدرسة أو الروضة.

◆ **الرحلات:**

يجب على المعلمة أن تصحب الأطفال في رحلات وزيارات لأنها تشكل لهم خبرة يستمتع بها الأطفال وتشبع رغبتهم في المعرفة والاطلاع ويمكن أن تكون الزيارات في الأماكن القريبة أو البعيدة التي يتوفر فيها مواقع المهن والمصانع والمزارع وأيضاً الأماكن الأثرية المهمة في وطننا المقدسات الدينية وأيضاً الأماكن والمواقع التاريخية.

◆ **اللعب في الهواء الطلق:**

يجب أن تتوفر في الروضة ساحات مناسبة كبيرة تعطي الأطفال الفرصة الكافية في

اللعب في الهواء الطلق لأن الأطفال في هذه المرحلة من عمرهم يشعرون بقوتهم الجسدية وثقتهم بأنفسهم لذلك يميلون إلى الأرجوحة، واللعب في الهواء الطلق يعطي الأطفال المتعة والترويح عن النفس وهو الامتداد للعب التمثيلي والإبداعي ويكتسب الطفل خبرة الجمع بين المهارة الجسدية والخبرة والمعرفة والملاحظة ويعمل على تنمية حواسه ويكسبه قدرة اجتماعية على المشاركة مع الآخرين لذلك يجب أن تتوفر في ساحة الروضة الأراجيح وألعاب التوازن والزلاجات وغيرها من الألعاب المناسبة للطفل مع ضرورة توفير الرمل المحيط بها حتى لا يتضرر الأطفال أثناء لعبهم.

ألعاب أدائية تتناسب مع طفل الروضة

ليس في مؤسسة الروضة مكان لإيواء أو حجز الأطفال حتى تأتي أمهاتهم لتأخذهم لكنها مؤسسة تربوية للتعليم والتقويم ووضع بذور الشخصية السوية للطفل ويتم هذا الغرض عن طريق عدة نشاطات ابتكرها علماء التربية السابقون وسأقدم لكم مجموعة من الألعاب تتناسب مع الأطفال في سن الروضة تتمكن الأم أو المربية أو المعلمة من الاستفادة منها ومن الممكن أن تكون اللعبة مقترنة بالغناء والموسيقى أو بدونها .

- لعبة التعريف بالأسماء

يمكن للمعلمة تأليف أغنية بسيطة يذكر فيها كل طفل اسمه دون أن يخل بإيقاع الأغنية فالأطفال يحبون الكلام ذو نغم حتى لو لم يكن موزون.

وعلى سبيل المثال

يا أطفال يـــا حلوين　　　خلينا نعرف هذا اسم مين

خلينا يا أطفال يا حلوين

ونقول أنا اسمي ماما سامية مثلاً ونصفق تصفيقتين بيدينا وندعو الأطفال أن يفعلوا مثلنا ويقولون جميعا

يا أطفال يـــا حلوين　　　خلينا نعرف هذا اسم مين

خلينا يا أطفال يا حلوين

ويذكر الطفل الذي في أول صف مثلاً اسمه ويذكر اسم أمه ويصفق بيده صفقتين فتصفق المجموعة بعده مثلا ثم تقول نفس العبارات السابقة

يا أطفال يا حلوين ...... الخ.

وتستمر هذه اللعبة بالدور حتى آخر طفل ومن الممكن أن نغني هـذه اللعبـة بـالرقص بـأن يتمايل الأطفال ذات اليمين وذات اليسار وهم يغنون هذه الأغنية أي أن هذه اللعبة تعرف الأطفال بأسمائهم وأسـماء زملائهم وفي مرحلة ثانية يمكن أن يطلب من الطفل ذكر اسمه واسم أبيه.

◆ لعبة الكبير والصغير:

تضع المعلمة أمام الأطفال لعبتين من صندوق واحد أحدهما كبيرة والأخرى صغيرة وتقول:

هذه اللعبتين مثل بعض

فيقول الأطفال معاً

لا واحدة كبيرة وواحدة صغيرة

وتقول المعلمة وهي تمسك بإحدى اللعبتين:

هذه اللعبة كبيرة

نعم هي

وإذا لم تكن كبيرة يرد

لأ مش هي

وبعد ذلك تعطي اللعبتين لكل طفل وتقول:

أرجع اللعبة الكبيرة

ثم تقول:

أرجع اللعبة الصغيرة.

◆ لعبة الجنود:

تقوم المعلمة بتوزيع عدد من اللعب الخشبية التي تمثل الجنود وتطلب من كل منهم أن يضع الجندي الذي معه لكي يحرس باباً أو نافذة أو شجرة ثم تقول لهم بلهجة بسيطة أنه يجـب علـى كـل جنـدي أن يغـير مكان حراسته وبعد ذلك تقول لهم أن الجنود يريدون أنه يعودوا إلى أماكنهم الأصلية فإذا أخطأ بعض الأطفـال أو اختلف طفلان على مكان تتظاهر المربية بأنها تسأل الجندي عن مكانه ومن ملاحظتها الدقيقة تـستطيع أن تقول

- الجندي يقول أنه كان هنا.

وحين ينتهي الأطفال من هذا التوزيع تقول هيا نمر على الجنود لنتعرف هل هـم مـستيقظون أم نـائمون وبعد المرور تقول:

- يريد الجنود العودة إلى منازلهم فيقوم الأطفال بوضع جنودهم في صناديقهم .

ومن الملاحظ أن هذه اللعبة تقوم بالتدريب على الذاكرة بتعريفهم العلاقة بين الشيء وموضعه.

◆ لعبة البالونات

تحضر المعلمة مجموعة من البالونات للأطفال ذات ألوان مختلفة تمسك وأحد منها وتقول:

- من يريد بلون أصفر مثلا.

فيطلب ذلك عدد من الأطفال فيسمح لكل منهم أن يأخذ البـالون الأصـفر بعـد أن يـنجح بالإشـارة إليـه وتسير على نفس الطريقة في كل لون حتى تنتهي البالونات وعندئذ تقول المعلمة:

- مين معه بالون أصفر فيرفع الذين معهم بالونات صفراء أصواتهم وهكذا حتى تنتهي من ذكر جميـع البالونات ومن الملاحظ أن هذه اللعبة تقوم بالتدرب على النظر وإدراك الألوان.

◆ لعبة الحلقات:

تعطي المعلمة للطفل ثلاثة حلقات مختلفة الأحجام وتعدها وتقول:

واحد – اثنين – ثلاثة وتسأل الأطفال:

كم حلقة معنا ؟

فيقولون ثلاثة

فتسألهم ؟

هل جميع الحلقات نفس الحجم

فيرد الأطفال: لا

فتقول المعلمة: أين الحلقة الكبيرة

فيرفعها الأطفال

فتقول أين الحلقة الصغيرة فيرفعها الأطفال

فتقول المعلمة: ضعوا الحلقة الكبيرة في الجيب الشمال فإذا وضعوها تقول لهم: ضعوا الحلقـة الصـغيرة بدل الكبيرة وبالعكس.

◆ لعبة الصلصال:

تعطى المعلمة كل طفل قطعة من الصلصال وتطلب منهم دائرة أو كعكة أو كرة .... الخ.

في أول مرة تقوم هي بوضع الشيء الذي تريدهم أن يضعوه ثم تطلب منهم حرية التشكيل.

- وبعد الانتهاء من اللعب يقوموا بالدور بغسل أيديهم ثم تجفيفها.

- هذه اللعبة تقوم بتدريب الأطفال على التخيل والابتكار واستعمال اليد في حركات دقيقة والتنسيق مع العينين.

◆ لعبة الاستحمام:

تقول المربية للأطفال: اللعب تريد أن تستحم الآن.

ويقوم كل طفل بأخذ لعبته ويغسلها بقطعة مـن الإسفنج وبعـد ذلـك يجففها ثم يضعها في صـندوق اللعب ويغطيها ويجب أن نذكر الأطفال بوجوب تهوية اللعب وتشميسها حتى يدرك الطفل أن دور البيئـة ضروري جداً.

◆ لعبة الصور

تعطي المعلمة لكل طفل مجموعة من الصور في حجم ورق الشدة يزيد عددها حسب سن الطفل حيث تطلب منهم إخراج صورة وتريها لهم ثم صورة ثانية ثم صورة ثالثة حتى تنتهي الأعداد الموجودة لـديهم ثم تطالبهم المعلمة بأن يعدوا عدد صور كل مجموعة.

وهذه اللعبة تقوم بتدريب الأطفال على التميز بين الأشكال المختلفة.

◆ **لعبة الحظ**

تعرض المعلمة على الأطفال كيس مليء بمجموعة من الأشياء المختلفة وتطلب من كل طفل أن يضع يده في الكيس ويلمس شيء معين ويسمى هذا الشيء دون أن ينظر إليه ثم يخرجه ليتأكد من أن جوابه صحيح .

ومن الملاحظ أن هذه اللعبة تقوم بتدريب الأطفال على حاسة اللمس.

◆ **لعبة الأصوات**

تعطي المعلمة عدد من الأطفال بعض الأدوات الصوتية التي توجد في الروضة مثل الجرس ، الصفارة ، الطبلة الصغيرة وكوب تحرك فيه ملعقة ودف.

تطلب من كل منهم بالترتيب أن يستعمل لعبة أمام زملائه وهي الأدوات الصوتية وبعد ذلك تسأل المعلمة الأطفال

هذا صوت ماذا ؟

حتى يكتمل عمل جميع الأطفال دون خطأ وهذه اللعبة تقوم بتدريب الأطفال على تمييز الأصوات.

◆ **لعبة الملابس:**

تقوم المعلمة بخلع مريول الروضة أمام الأطفال وهي تغني أغنية مبتكرة

أنا اعرف وحدي   أن أخلع المريول

وأطبقه وحدي   وأنا مسرور

وتطلب من الأطفال تقليدها وهي تغني معهم ثم تقول :

أنا اعرف وحدي   أن ألبس المريول

وأزرره وحدي   واضع أيدي في الأكمام

وتستمر المعلمة في تكرار هذه اللعبة حتى يتقن الأطفال لبس وخلع المريول بسهولة.

◆ **لعبة المكعبات:**

تعطي المعلمة ثلاثة أو أربعة من الأطفال صندوقاً من المكعبات وتطلب من كل مجموعة أن يبنوا بيتاً أو هرماً وبعد أن ينتهي الجميع من العمل تطلب من كل مجموعة أن يشتركوا معاً في عمل شيء آخر يتفقون عليه وهذه اللعبة تقوم بتدريب الأطفال على التعاون.

◆ **لعبة الجرس:**

تحمل المعلمة جرساً صغيراً وتمر بين صفوف الأطفال وهي تحمله وتقرعه عند أحد الأطفال مـرة وعنـد طفل آخر مرتين ، وعند ثالث ثلاث مرات وتسأل الأطفال مين إلي ضربت الجرس عنده مرتين

فإذا عرف الطفل صفقت له المعلمة وصفق معها الأطفال وتقوم بتكرار العملية مع جميع الأطفال وتقوم هذه اللعبة بتدريب الأطفال على الملاحظة والانتباه.

◆ **لعبة القطار:**

تقوم المعلمة بجعل الأطفال يمسكون بعضهم بعضا في طابور ويسيرون بـسرعة يقلـدون صـوت القطار وعند كل ركن من أركان المبنى يقف القطار عند محطة البنزين ويستمر القطار في دورانـه حـول المبنى حتى يكون قد ركب ونزل جميع الأطفال.

وتقوم هذه اللعبة بتدريب الأطفال على معنى السفر في القطار أي معرفة وسيلة من وسائل النقل.

◆ **لعبة الأوزان:**

تعطي المعلمة لكل طفل عدد من القطع الخشبية أو الحجرية وتطلب من كل واحد منهم أن يزنها في الميزان الموضوع أمامها لكي يعرف الطفل أيها أثقـل وأيها أخف وفي هـذه المرحلة لا يعـرف الطفـل المـوازين التقليدية (الكيلو ، الجرام وغيرها) ولكن من الممكن أن تطلب منهم أثقل الكتل وأخفها.

◆ **لعبة الرياح:**

تقوم المعلمة بنثر أوراق حفيفة في المكان فيقوم الهواء بحملها إلى ناحية أخرى فتطلب من الأطفال بـأن يقوموا بالتقاطها فيجرون في اتجاهات مختلفة ثم يكتشفون أن الأوراق تطير نحو جهة واحدة هي الجهة التي تسير فيها الرياح أو الهواء وتحمل الأوراق لأن الأوراق أخف مـن الهواء وتقـول لهـم المعلمـة أن الـذي يحمـل الأوراق يسمى الهواء.

◆ **لعبة الرعي والخراف:**

تعطي المعلمة بعض الأطفال قناع الخراف وتكلف أحد الأطفال بأن يكون الراعي ويمشي الراعي ومعه العصا والخراف وراءه ثم يجلس والخراف تروح وتأتي وهي تقول ماء ماء وهذه اللعبة تقوم بتدريب الأطفال على اليقظة والانتباه.

◆ **لعبة المهن:**

تجعل المعلمة أحد الأطفال يقلد حرفة أو مهنة معينة مثل كناس أو نجار أو ساعي البريد أو شرطي أو طبيب إلى أخره ويعرف كل طفل عمله أمام زملائه ثم يقول :

أنا ماذا أعمل ؟

فإن عرفه الأطفال قام طفل آخر بتمثيل حرفة أو مهنة معينة ويسأل الأطفال السؤال حتى يتعرف الأطفال إلى جميع المهن.

◆ **لعبة البحث عن اللعب:**

تقدم المعلمة خفية بعض الألعاب قبل حضور الأطفال التي تكون أحيانا أشياء يحبها الأطفال في أماكن مختلفة من الحديقة وتقوم بتشجيع الأطفال بالبحث عنها وتقول لهم كل من يحب لعبة يرفعها بذراعيه عاليا ويقول أنا وجدت لعبة كذا حتى يجد كل طفل لعبة وإذا لم يجد أحد الأطفال لعبة فعلى المعلمة أن لا تترك الطفل يفشل في البحث عن لعبة فتقوم بمساعدته حتى يجد لعبة وتتظاهر أمامه بأنه وجدها لوحده ثم تكرر اللعبة عدة مرات.

◆ **لعبة أنا مين:**

يقوم الطفل بالاتفاق مع المعلمة بالوقوف أمام زملائه ويقوم بتقليد صوت حيوان معين أو طائر معين مما يألفه الأطفال ويمثل حركاته وصوته ومشيته كما يقول أنا مين.

وإذا عرف أحد الأطفال صفقت له المعلمة وصفق له الأطفال معها ويرقص الطفل رقصة الحيوان ثم ينهض ثم يقوم طفل آخر بتقليد حيوان أو طائر آخر وهكذا يستمر الأطفال في هذه اللعبة حتى يعرفوا عدداً كافياً من الحيوانات أو الطيور.

◆ **لعبة الماء والأشياء:**

تعطي المعلمة لكل طفل قطعة من الخشب أو الفلين أو المعدن وتطلب منهم وضعها في حوض من الماء ويقوم الأطفال بملاحظة ماذا يحدث معها فيقول بعضهم أن قطعة المعدن غطست بينما قطعة الخشب عامت وتقوم بصناعة قوارب من الورق وتطلب منهم وضعها في الماء ويستفيد الأطفال من هذه اللعبة تعلم اختلاف خصائص الأشياء عندما نضعها في الماء.

الدراما والتمثيل عند الطفل

تعتبر المحاكاة والتمثيل ميل فطري طبيعي فيقلد الطفل كل ما يشاهده في منزله وروضته وكل ما يحيط فيه من أشخاص فيقلدون حركاتهم وأصواتهم ويعيشون في تلك الأدوار.

لذلك يمكن للمعلمات القائمات على تعليم الأطفال استغلال هذا الميل في تنظيم نشاط تمثيلي يفيد الأطفال أنفسهم من حيث إكسابهم المهارات والمعلومات والخبرات والقيم وكذلك يكشف عن طاقتهم الإبداعية فالتمثيل يفسح للطفل المجال الكبير في التعبير عن نفسه ويمكن أن يكون التمثيل مفيد من ناحية علاجية للطفل بالنسبة لأوضاعه الاجتماعية فكل شيء يقوم الطفل بتمثيله يستفيد منه حيث يعتبر التمثيل هو معلم الأخلاق والسلوك الإيجابي فهو يعلم الطفل عن طريق حركات محببة لديه تثير في نفسه الرغبة والتشويق لذلك يستطيع فهم الموضوع الذي تم تمثيله.

ومن المهم أن التمثيل يوفر للطفل التسلية والمرح ويغرس في نفسه عادات حسنة وأخلاق محببة كالإخلاص والأمانة والشجاعة والتعاون ويعمل على توسيع مداركه العقلية ويمنحه القدرة الكافية على فهم كل ما يحيط به ويعوده على الخيال والقدرة على التفكير المبدع الخلاق وصدق العاطفة.

هناك ما يدعى الدراما التعليمية وفيها تتفتح شخصية الطفل وتصقل مواهبه وتراعي إبداعاته وهذه الدراما يقوم الطفل بالتدريب عليها إما في داخل الصف أو في النادي أو في مكان تجمعهم وهي تعنى دراما النظرة أي التي لا تخضع لقيود وهي منهج للتعليم تهتم اهتماماً كبير في توسيع خيال الطفل وتعريفه بالواقع الذي يعيش فيه.

والطفل يقبل على هذه الدراما تلقائيا في مراحل نموه المختلفة ومن هذا جاءت أهمية الدراما في تربية الطفل وتعليمه وهي تعتبر أسلوب من أساليب التربية الناجحة والمهمة بالإضافة إلى أنها تقوم بتنمية قدرة الطفل على الفهم والتعبير على السواء.

أهداف الدراما التعليمية للطفل:

1- يجب أن تقوم المعلمة بتدريب الطفل وتوجيه طاقاته ومشاعره توجيهاً سليماً.

2- أن تقوم المعلمة بتعريف الطفل على الحياة ومشاركة كل من حوله.

3- أن تساعد المعلمة الطفل على اكتساب المهارات التالية:

◆ نقل الأفكار عن طريق التمثيل.

◆ السرعة في التفكير والتعبير.

◆ النطق السليم والأداء الحسن

◆ حسن الاستماع وإبداء الرأي بحرية.

◆ يكتسب الجرأة الأدبية .

◆ تطوير وتحسين أداء الحواس الخمسة.

◆ الانضباط والنظام.

◆ الترويح عن النفس.

◆ التركيز والحركة والانتباه.

4- أن تقوم المعلمة بتنمية مهارات الرسم والكتابة والقراءة.

5- إنماء قاموس الطفل اللغوي.

عناصر الدراما:

1- **الدراما التعليمية:** التي يستفيد من أهدافها الطفل.

2- **النشاط التمثيلي:** الذي يقوم بتوظيفه بهدف التعليم.

3- **المعلم:** وهو يقوم بدور أساس في تهيئة مجالات التعليم ويمكن مشاركة الأطفال في النشاط التمثلي لتحقق الدراما التعليمية أهدافها المنشودة.

مجالات التعليم التي تثيرها الدراما:

1- يتم استخدام الدراما التعليمية كعملية إبداعية.

2- يتم استخدامها بالمشاركة في النشاط التعليمي.

3- يتم استخدامها عن طريق التفاعل مع العرض التمثيلي.

4- يتم استخدامها في التعرف على مفاهيم معينة كمنهاج تعليم الطفل.

كيفية توطيد الدراما التعليمية:

1- أولا التخطيط. وللمعلم الدور الأساسي من حيث الإعداد للنشاط وتحديد أهدافه واختيار الأسلوب المناسب.

2- التطبيق وهي تعتبر المرحلة الثانية التي يتم فيها تنفيذ النشاط التمثيلي.

3- الأسئلة والمناقشة ويتم طرح هذه الأسئلة بعد انتهاء النشاط التمثيلي بروح المرح والمشاركة.

4- التقييم وذلك عن طريق طرح الأسئلة المناسبة من قبل المعلم لتقييم نماذج العمل ومدى تحقيق الأهداف المنشودة.

أشكال الدراما:

1- تكون على شكل حصة مستقلة:

وتتضمن مجموعة النشاطات والتجارب التي تعتمدها المعلمة وتراها مناسبة للأطفال في مرحلة معينة وذلك من خلال التمارين الحركية والتمثيل والخطابة والألعاب والقصة والأناشيد.

2- تكون على شكل معزز للمنهاج:

وتعتبر هذه الوسيلة فعالة لتوصيل بعض المفاهيم المرتبطة بالمنهاج وتسعى لتحقيق الأهداف التي يحددها المنهاج .

3- على شكل مسرحية مدرسية:

يعتمد هذا الشكل من الدراما التعليمية على النص المكتوب ويقوم المعلم بتدريب الأطفال عليه ويهدف هذا الشكل إلى تحقيق هداف تعليمية مختلفة.

القصة التعليمية

تعتبر القصة أحب البرامج وأكثرها استهواء للطفل وإشباعًا له لذلك اعتبرت أسلوب ناجح يحقق أكثر الأغراض التعليمية والتربوية.

فمنذ الطفولة يقبل الأطفال على فهم القصة ويحب ويحرص على سماعها ويهتم بجودتها ويميل لتخيل شخصياتها والاندماج بأحداثها.

أهمية القصة:

تبرير أهمية القصة في أنها تعتبر وسيلة هامة لإشباع حب الطفل ورغبته الكبيرة في المعرفة والاستكشاف حيث يفترض فيها الجديد من الأحداث والأفكار والمواقف المستمدة من الواقع المحيط به كذلك تعمل القصة كمصدر لإثارة انتباه الطفل وتشويقه لما فيها من تعدد شخصيات وسلسلة من الأحداث المتلاحقة.

وكذلك تعتبر القصة مجال لعب الخيال وإثارة الانفعالات الوجدانية وتوفر الاهتمام والتركيز والانتباه عند الطفل.

أهداف القصة:

1- تعمل القصة على تزويد الطفل بالمعرفة الكافية.
2- تقوم بإكساب الطفل كثير من الآداب والسلوك الإيجابي.
3- تعتمد على الذكاء للطفل بالكثير من الصفات الخلقية السليمة.
4- تعمل على إثراء وزيادة رصيد الطفل اللغوي .
5- تعلمه وتعوده حسن الاستماع والتلقي والإصغاء الجيد.
6- تعطيه القدرة والجرأة على التعبير بمختلف أشكاله.
7- أن تعالج مشكلاته الاجتماعية والنفسية من خلال ما تعرضه القصة من مشاكل تهمه بشكل كبير.
8- أن تقوم بتعريفه على أمور الحياة العامة بشكل يتناسب مع نموه العقلي.

القصة وعلاقتها بمراحل النمو:

القصة بصفة عامة تتناسب مع جميع مراحل نمو الطفل ولكن مع بعض السمات النفسية لكل فئة عمريه وسنعرض كل فئة كالتالي:

1- في السنة الأولى والثانية من عمر الطفل:

يهتم الطفل في هذه المرحلة أن يسمع عن الأشياء التي تحيط به والتي تنبع من صميم حياته اليومية مثل أفراد أسرته وبيئته وملابسه وتغذيته ولعبه، أي يثير اهتمامه القصص التي تتطرق إلى هذه المواضيع إلى جانب حبه لقصص الطبيعة والخيال .

2- في السنة الثانية وحتى الخامسة

يهتم الطفل في هذه المرحلة بالخروج إلى البيئة المحيطة بمنزله ويهتم باكتشافها والتعرف عليها لذلك يجب سماع القصص التي تتحدث عن هذه البيئة الجديدة بما تحويه من عناصر النبات والحيوان والجماد حيث يميل إلى القصص التي تحوي الأصوات والحركات.

3- في سن السادسة

في هذه المرحلة من عمر الطفل يهتم بقصص الخيال والخرافة والأسطورة فيحب الاستماع إلى القصص المثيرة التي تحوي عناصر القوى الخارقة والأساطير.

4- من السابعة حتى الثانية عشر

في هذه المرحلة من عمر الطفل يهتم الطفل بقصص البطولة والمغامرات التاريخية والفروسية والشجاعة والمخاطرة والقوة.

في مرحلة رياض الأطفال يجب أن تختار المعلمة القصة بناء على معرفة بخصائص نمو الطفل الادراكي واللغوي حيث تتمثل هذه المرحلة في التصاقه بوالديه وأسرته ومعرفته القليلة بالبيئة المحيطة به مما يمكن تسمية مرحلة نموه الادراكي هذه بمرحلة الواقعية أو الخيال الضيق.

أما من الناحية اللغوية فيكون الطفل في هذه المرحلة يتهيأ للقراءة والكتابة فالطفل في الروضة لا يستطيع أن يفهم لغة القصة من خلال التعبير البصري والمكتوب لذلك يجب أن تقوم المعلمة بتقديم القصة من خلال التعبير الصوتي الشفوي أو الكلام العادي أو المسجل

على شريط صوتي وكذلك يجب أن تصاحب الكلمات مجموعة من الصور أو الرسومات ومن المفضل أن تكون ملونة لتعين الأطفال على فهم ما هو مكتوب.

القصة أسلوب تعليمي مهم

تقوم المعلمة بتحضير القصة قبل سردها والقيام بالتخطيط الصحيح لتحقق القصة الأهداف التربوية السليمة ثم إعداد الوسائل التعليمية المناسبة لإجراءات التطبيق العملي في البداية تقوم المعلمة بالتمهيد للقصة التعليمية عن طريق مناقشة الأطفال في بعض أمور حياتهم في المنزل أو الروضة ويمكن عرض بعض الصور المعبرة عن مشاهد القصة بعد ذلك تقوم بسردها أو تمثيلها .

وحتى تستطيع المعلمة تحقيق الأهداف التعليمية للقصة يجب اتباع ما يلي:

أ - يجب أن تحرص المعلمة على التتالي في السرد.

ب- يجب أن تحرص على التنويع في نبرات الصوت.

ج- يجب أن تحدث بصوت معتدل .

د- يجب أن تتجنب الاستطراد.

بعد الانتهاء من سرد القصة تقوم المعلمة بإجراء مناقشة الأطفال حول ما سمعوا من أحداث ومواقف في القصة وتقوم بربط القصة بالواقع اليومي للطفل وتقوم بإعطائهم الفرصة الكافية لعرض قصص مشابهة .

الطرق الصحيحة في سرد القصة

1- يجب أن يتم قراءة نص القصة من كتاب كبير مليء بالصور أو الرسومات الملونة.

2- قراءة الرواية الشعرية للقصة دون كتاب وهذه تساعد الطفل على التركيز والاستماع والإصغاء دون استعمال الصور وعلى المعلمة أن تجيد تقليد الأصوات وتمثيل الشخصيات بشكل جيد مما يساعد الطفل على فهم القصة.

3- رواية القصة بمصاحبة لوحة الفانيلا أي تقوم المعلمة بقص بعض الأشكال المذكورة في القصة من قطع الفانيلا الملونة وتقوم بتحريك الأشكال حسب أحداث القصة.

4- تقوم المعلمة برواية القصة وتوزيع أدوار شخصياتها على الأطفال ويقوم الأطفال بعد ذلك برواية القصة كل حسب دور الذي كلف به من قبل المعلمة.

5- تقوم المعلمة بجمع الصور المناسبة لأحداث القصة من المجلات والكتب الأخرى وترتيبها حسب تسلسل هذه الأحداث ثم تقوم بروايتها بواسطة الصور.

6- تقوم المعلمة برواية القصص عن طريق الغناء باختيار القصص الشعرية لأنها محبوبة لدى الأطفال وتثير اهتمامهم ويجب أن تكون مصحوبة بالتلحين الموسيقي.

7- تقوم المعلمة بالاستماع إلى رواية قصصهم الذاتية عن أسرتهم وبيئتهم وعن زياراتهم وكل ما يدور في أذهانهم يحبون التعبير عنه.

8- تقوم المعلمة بتوزيع الأدوار على الأطفال ليقوموا بتمثيلها والاندماج مع أدوارها في العاطفة مع مراعاة مراقبات وتوجيه واستماع المعلمة لكيفية تمثيل الأدوار من قبل الأطفال.

ولنجاح هذا الأسلوب في رواية القصة يجب أن تتبع المعلمة الإجراءات التالية:

أ- يجب أن تقوم المعلمة بالتخطيط بحيث تختار القصة المناسبة والفترة الزمنية والمكان المناسب لتمثيلها.

ب- يجب أن تقوم بتوزيع مناسب للأدوار على الأطفال توزيعاً عادلاً بحيث يشارك جميع الأطفال في هذا العمل التمثيلي.

ج- يجب أن تقوم بالتطبيق عن طريق المراعاة في التلوين في أدائها الصوتي والحركي.

د- يجب أن تقوم بالتقويم المناسب من خلال مناقشة الأطفال في محتويات القصة من أحداث ومواقف تعليمية وتربوية.

أناشيد الأطفال

يميل الأطفال في مرحلة الروضة إلى النغم والإيقاع بالفطرة فقد تجدهم ينامون على أنغام أصوات أمهاتهم ويترنمون بما يحفظون من كلمات ويهتمون بالوزن والإيقاع أكثر من المعاني ويستجيبون للقافية الواحدة والتكرار في الإيقاع.

تعتبر الأغنية ذات موسيقى وتنغيم وإيقاع معين مما يجعل الأطفال يميلون إليها فهي جزء من ثقافتهم الشعبية المتوارثة وهي تثير إلى طبيعتهم الغنائية التي كثيراً ما تظهر في لعبهم ومرحهم وأوقات السعادة لديهم لذلك على كل المختصين في مجال الطفل استغلال هذا الميل الفطري عند الأطفال لتقديم أناشيد وأغاني غنية بالخبرات التي تربط بين تجربة حياة الطفل وبين عواطفه وأفكاره وتثير بداخله صور شعرية وفنية وعاطفية.

وفي الوقت الحاضر أصبح النشيد يأخذ طابعاً منهجياً حين دخل إلى كتب الأطفال وصار درس النشيد درساً أساسياً يقبل عليه الأطفال وصار درس الموسيقى مرافقاً للنشيد ولكل منهما قواعد وأصول للتدريس.

وقد قامت دراسات عديدة في علم النفس والاجتماع إلى جانب دراسات في الأدب واللغة والموسيقى يجعل الموسيقى والأغنية والنشيد درساً هدفاً وموجهاً وهذا ما يؤكد على ضرورة تركيز معلمة الروضة على الاستفادة من النشيد في هذه المرحلة المهمة من حياة الطفل لتحقيق الفوائد التربوية المنشودة.

اختيار النشيد الناجح:

إن اختيار النشيد الناجح للأطفال في مرحلة الروضة يجب أن تتوفر فيه العديد من المقومات وهي كالتالي:

1- يجب أن يراعي في النشيد الموسيقى، الوزن والتكرار في الإيقاع الموسيقي.

2- يجب أن تراعي المعلمة الأصوات المتناغمة ذات الإيقاعات الجميلة في النشيد.

3- يجب أن يراعي التركيز على حاستي البصر والسمع ما يقدم للأطفال من الصور الواقعية والخيالات الحسية.

4- يجب أن يراعي في النشيد أسس تعتمد على واقع الأطفال وخبراتهم والتي يجب أن تتناسب مع قدراتهم الإبداعية والعقلية والخيالية.

5- أن يراعي النشيد انفعالات الأطفال الشخصية والنفسية.

6- يجب أن يراعي في النشيد البساطة.

7- مراعاة ميل الأطفال لحياتهم الخاصة.

8- يجب أن يراعي النشيد العواطف التي تدعو إلى الإيمان والمحبة والطاعة والصداقة وإلى الكثير من الأخلاق الجيدة.

9- يجب أن يراعي النشيد إدخال المرح والبهجة في نفوس الأطفال.

10- أن يراعي التركيز على الألفاظ ذات المعاني الإيجابية الهادفة تربوياً.

أنواع أناشيد الأطفال:

1- النشيد الوطني:

هو النشيد الذي يختص بكل ما يتعلق بالوطن من حيث الحث على حب الوطن واحترامه والاعتزاز به والمحافظة عليه والدفاع عنه وبيان تاريخه وأمجاده ومحاسنه.

2- النشيد الديني:

هو النشيد الذي يختص بكل الأمور التي تتعلق بالعقيدة الإسلامية من حيث بيان قدرة الخالق سبحانه وتعالى وعظمته وصفاته وكذلك حث الطفل على الإيمان الصادق والأمانة والصدق وإتقان العمل إلى غير ذلك على جانب إظهار مواقف مهمة من السيرة النبوية الشريفة لكي يتعرف الطفل إلى كل الجوانب المهمة في العقيدة الإسلامية من خلال النشيد.

3- النشيد الترفيهي:

هذا النوع من النشيد يختص ويسعى إلى إدخال السرور والمرح والبهجة في نفوس الأطفال وينمى فيهم الشعور بالبهجة والسعادة والتركيز على الجانب السعيد والفرح في الحياة الإنسانية.

4- النشيد الاجتماعي:

هذا النوع من النشيد يقوم بالتركيز على تنمية الروح الاجتماعية للأطفال من خلال تنمية الصفات الاجتماعية الإيجابية في نفوسهم وتعويدهم على العادات الحسنة وتعريفهم بأصول العادات والتقاليد الأصيلة كالكرم وآداب الحديث والتحية والتعاون والصداقة واحترام الكبير إلى غير ذلك.

5- النشيد الوصفي:

هذا النوع من النشيد يختص ويركز على بيان جمال الطبيعة وفوائدها بالنسبة للإنسان وينمى في نفوس الأطفال حب الطبيعة وتأملها وإضفاء جو الألفة والمحبة بين الطفل والطبيعة المحيطة به .

6- النشيد الحركي:

هذا النوع يقوم بتعويد الأطفال على الحركة المفيدة والنشاط وحب المرح ويعتمد على التقليد والوقت والحركات والأصوات ويرافقه في أغلب الأحيان اللحن والموسيقى معاً.

الطريقة الصحيحة لتدريس النشيد:

نظراً لأهمية مرحلة الروضة بالنسبة للطفل إلى جانب أنه لا يعرف القراءة والكتابة فلابد من اعتماد المعلمة في تدريس النشيد على فطرته وحبه للغناء كذلك يجب أن تعتمد المعلمة على التدريب الصوتي فتقوم المعلمة بإلقاء اللحن عليهم دون ألفاظ ثم تطلب منهم تقليدها في أداء اللحن ويمكن أن تستعين بالآلات الموسيقية الموجودة في الروضة .

وعلى المعلمة أن تمنح الأطفال الحرية في الاستجابة للإيقاع وما يرافقه من حركات مثل التصفيق أو الضرب بالأرجل أو بالدف ثم يقوم الأطفال بالغناء ويكررون ذلك حتى يتم حفظ النشيد وبعد ذلك تقوم المعلمة بمناقشة الأطفال بمعاني النشيد وأهدافه.

فوائد أناشيد الأطفال:

1- يقوم النشيد بتدريب الجسم والأعضاء الصوتية حيث ينمى المرونة والقوة والنشاط لدى الطفل.

2- يقوم النشيد بتنمية الضبط والعمل داخل الروضة من خلال السير والدخول والخروج إلى الصفوف بنظام .

3- ينمي النشيد الحس الإبداعي عند الطفل من خلال ما يعرف به من أفكار جديدة ومبتكرة.

4- ينمي النشيد السلوكيات الخلقية الحسنة لدى الطفل والعادات والقيم النبيلة.

5- يقوم النشيد بصقل لغة الطفل ويساعده على التطبيق والأداء الصحيح ويثري قاموسه اللغوي والمعرفي.

6- يعالج النشيد النواحي النفسية السليمة لدى الطفل كالخجل والانطواء والعزلة.

أهداف أناشيد الأطفال:

1- يعمل على تنمية حب الشعر عند الأطفال.

2- يعمل على تنمية قدرة كل طفل على استعمال صوته استعمالاً صحيحاً.

3- يعمل على إتاحة الفرصة للأطفال للتعبير عن أنفسهم.

4- يعمل على تنمية قدرة الطفل على التذوق الشعري.

5- يعمل على تنمية حس الإيقاع عند الأطفال.

6- يعمل على توثيق العلاقة بين الطفل والروضة والمعلمة .

7- يعمل على تعويد الأطفال على سماع العبارات الأدبية الجميلة.

8- يعمل على تنمية الذوق الفني لدى الطفل من خلال صقل مواهبهم وإبداعاتهم.

9- يعمل على غرس العادات والسلوكيات الحسنة عند الطفل.

10- يعمل على تدريب الأطفال على النطق السليم.

11- يعمل على تزويد الطفل بالخبرات الكافية.

12- يعمل على إضفاء البهجة والمرح في نفوسهم.

الفصل الخامس

تقويم الطفل في الروضة

أهمية تقويم الطفل في مرحلة الروضة

الأغراض التي يحققها التقويم لمعلمة الروضة

جدول نمو مهارات طفل الروضة

الفصل الخامس
تقويم الطفل في الروضة

أهمية تقويم الطفل في مرحلة الروضة

إن السنوات الأولى من عمر الإنسان تعد مرحلة أساسية يكتسب الطفل من خلالها الكثير من الخبرات وهذه الخبرات التي تقدمها الروضة للطفل يجب أن تكون بقدر الإمكان خبرات سعيدة ومتجانسة مع مراحل نموه الجسمي والعقلي والنفسي والاجتماعي.

وكثيراً ما يسأل الآباء والمربون عن كيفية معرفة إذا كان نمو أطفالهم يسير سيراً طبيعياً. كما تسعى معلمات ومشرفات مؤسسات الروضة إلى التعرف إلى الوسائل والأساليب التي يمكن استخدامها في تحديد مدى تقويم نمو الطفل والتقويم عملية إيجابية وشاملة ومستمرة والهدف منها تقديم ما يمكن تحقيقه من أهداف تربوية تتضمن المتابعة المستمرة للإجراءات المتبعة وقياس الجهود المبذولة لتحقيق الأهداف والخطط الموضوعة إضافة إلى تشخيص الصعوبات والعوائق ومحاولة وضع خطوات عملية للمراجعة والعلاج ويحقق التقويم هدفاً رئيسياً في مجال وصف الأداء والسلوك الحالي للطفل وملاحظة مدي التغير في السلوك.

الأغراض التي يحققها التقويم لمعلمة الروضة

1- يساعد المعلمة على التعرف على قدرات ومستوى نمو الطفل وتطبيق إجراءات التقويم، فإذا كررت عملية التقويم فإن ذلك يمكنها من رصد التقويم في فترة زمنية محددة ويساعدها على تكوين صورة واضحة عن تقدم كل طفل في المجموعة من وقت لآخر.

2- يسهم التقويم في هذه المرحلة في تطوير المنهج وتحسين نوعيته، أي تحديد نشاط القوة والضعف عند كل طفل مما يساعد المعلمة في تحديد الخبرات التي هو بحاجة إليها والتركيز على الأنشطة التعليمية وعلى سبيل المثال فإذا كان هناك طفل يميل إلى الخروج في زيارات ميدانية تستغل المعلمة هذا الميل لتعبر عن أفكاره من خلال الزيارة لزيادة الكفاءة لديه في التعبير اللفظي كأن تطلب منه وصف ما يشاهده في

الزيارة.

3- يساعد التقويم المعلمة في الكشف عن المشكلات أو الصعوبات التي يعاني منها طفل معين ومن ثم وضع خطة لمساعدة هذا الطفل من خلال برنامج فردي مناسب له.

4- التقويم يزيد من ثقة المعلمة بنفسها عندما تعكس سجلاتها مدى التقويم الذي حققه معظم الأطفال في جميع المجالات ولذلك تقوم به بشكل مستمر على فترات خلال العام وتسجيل النتائج لإجراء المقارنة بين سلوك الطفل في بداية العام وفي منتصفه وفي نهايته فبدون تسجيل الملاحظات تبقى في ذاكرة المعلمة الانطباعات الصحيحة مثل أن طباع الطفل عن سلوك سلبي مثل البكاء الغضب.

5- يقدم التقويم للمعلمة وللوالدين معلومات عن مدى أداء الطفل في جميع المجالات من خلال التقارير التي سجلت، والآباء يقدرون اهتمام المعلمة بمتابعة نمو طفلهم وتسجيل ملاحظات عن ذلك في السجل الموجود لديها وتفيد هذه السجلات في المناقشات التي تدور في اجتماعات مجلس الروضة بغرض متابعة العملية التعليمية مع مراعاة السرية التامة للمعلومات التي تسجل عن الأطفال وذويهم.

أساليب تقويم الطفل في الروضة

يتعذر قياس تقدم الطفل ونموه بالأساليب والأدوات المستخدمة في المراحل الأساسية مثل الامتحانات والأسئلة المباشرة أما بالنسبة لمعلمة الروضة فهي تستطيع أن تتابع أطفالها مستخدمة أساليب التقويم المناسبة لمرحلة الروضة مثل الملاحظة والقياس وأيضاً بالقدرة على حل المشكلات في مرافق تعليمية معينة تتمشى ومستوى نمو الطفل.

أساليب التقويم المناسبة لمرحلة الروضة

أولاً : الملاحظة

الملاحظة الهادفة والدقيقة للأطفال من أهم الوسائل التي تساعد المعلمة على فهم طبيعة نمو أطفالها وبالتالي تخطيط برامج تساعدها على إشباع حاجاتهم ومطالب نموهم وتتمشى مع قدرتهم والملاحظة تكمن في عدة أشكال منها:

1- **الملاحظة الموجهة:** المخططة وتقوم المعلمة بتحديد الأطفال الذين تتولى ملاحظتهم وتحديد الجوانب التي تزيد من ملاحظاتها.

2- **الملاحظة العفوية:** أي تلاحظ المعلمة أي هدف عن طريق الصدفة.

3- **الملاحظة الفردية:** تقوم المعلمة بملاحظة فردية متكررة تفيد المعلمة في معرفة الأطفال الذين يعانون من صعوبات معينة كما تظهر ما يتمتع به أي طفل من مزايا إيجابية يمكن تطويرها.

4- **الملاحظة الجماعية:** من خلالها تستطيع المعلمة تفهم الأطفال بتخطيط برامجها بشكل يتلاءم مع احتياجاتهم وقدراتهم المختلفة.

يجب أن تتذكر المعلمة أن الملاحظة تتطلب منها الانتباه والدقة والممارسة والتدريب وعليها أن تقوم بما يلي:

1- يجب أن تقوم بالتخطيط للسلوك الملاحظ أو الظاهر.

2- تحديد الزمان وتكرار السلوك.

3- تحديد المكان الذي تجري فيه الملاحظة.

4- ملاحظة الطفل في الموقف الواحد والوقت الواحد لنفس السلوك المحدد.

5- يجب أن تقوم المعلمة بجميع الملاحظات للاستفادة منها في التقويم النهائي.

ثانياً : تبادل المعلومات

إن المعلمة يهمها أن تهيئ كل الفرص لأطفالها من أجل النمو وتحقيق الذات ويجب أن تحرص كذلك على التكامل والترابط والتنسيق بين أساليب التربية المتبعة في البيت والروضة وهذا يتطلب منها أي المعلمة معرفة كل ما يختص بجوانب حياة الطفل خارج الروضة وإطلاع والديه على حياته داخل الروضة على سبيل المثال مدى مشاركة طفلهم في الأنشطة التي تقدمها الروضة وعلاقته بزملائه ومعلماته والمهارات التي يكتسبها ومجالات تفوقه وميوله ومدى تكيفه مع جو الروضة أو إذا كان يعاني من بعض الصعوبات أو المشكلات في نفس

الحيز تهتم المعلمة بمعرفة شيئاً عن علاقة الطفل بوالديه وإخوانه وكيف يشغل وقته وهواياته واهتماماته الخاصة وطبيعة نموه الصحي بحيث إذا كان قد واجه أي مشكلة صحية في سنواته الأولى.

تعمل بعض الروضات إلى إرسال استمارة إلى الوالدين عند دخوله إلى الروضة تحتوي على البيانات الاجتماعية الخاصة بعدد أفراد الأسرة وترتيب الطفل بين إخوانه والوضع الاقتصادي والتعليمي والثقافي ... الخ وأيضاً بعض البيانات الشخصية عن نمو الطفل مثل: مع من يلعب عادة، وبماذا يحب أن يلعب، وكيف يشغل وقته. ماذا يصور نفسه في أغلب الأحيان، ما هي الميول أو المشاكل أو الصفات الخاصة لدى الطفل.

مثل هذه البيانات تساعد المعلمة على فهم الطفل كفرد له حاجاته وميوله وقدراته واهتماماته الخاصة وتقوم هي بدورها في تلبية حاجاته المساعدة له على نموه وتقدمه هذا إلى جانب أن هذا التبادل في المعلومات يخلق جو من الألفة والتفاهم بين البيت والروضة.

ثالثاً : السجلات والملفات

من الضروري أن تحتفظ المعلمة بسجل خاص تجمع فيها ملاحظاتها عن الطفل من خلال عمله وسلوكه في حياته اليومية في الروضة ويعتبر هذا السجل أداة تجمع المعلومات عن الطفل وكذلك يستخدم كمرجع لمساعدة المعلمة في تخطيط نشاطات تتفق مع حاجات الطفل ويجب أن يكون هذا السجل في متناول يد المعلمة.

وهناك عدة أنواع من السجلات مثل:

1- **السجلات الصحية:** وهي تتضمن بيانات عن صحة كل طفل وأفراد أسرته والأمراض التي أصيب بها والتطعيمات التي أعطيت له والمشكلات الصحية التي واجهته في الفترة السابقة.

2- **السجلات الاجتماعية:** وتتناول هذه السجلات الخلفية الاجتماعية والاقتصادية والثقافية لأسرة الطفل.

وقد تضع المعلمة هذه الملفات بعضاً من إنتاج الطفل ونسخة من التقارير التي ترسل لوالديه.

3- **بطاقة متابعة نمو الطفل:** ويشترط فيها أن تكون شاملة وتتبعية وتراكمية تنتقل مع الطفل وبه من سنة لأخرى ومن مرحلة لأخرى. ومن البنود التي يجب أن تشتملها بطاقة متابعة نمو الطفل عديدة جداً تحتوي عناصر التقويم في كل مجال من مجالات النمو.

رابعاً : التقارير القصصية

تكتب على شكل يوميات أو تسجيلات قصصية أو صحيفة سلوكية تتضمن تقريراً مطولاً عن سلوك الطفل كما تلاحظه معلمته من خلال سلوكه اليومي وما تعرفه عنه من معلومات سابقة وهي من الوسائل الفعالة في فهم طبيعة الطفل ونمط نموه وتحتاج إلى محاولات من حيث اختيار الأطفال والأحداث التي تستحق التسجيل والتي تكون لها صلة قوية وواضحة بنمو الطفل فلا تتسرع المعلمة في تسجيل أي سلوك إيجابي وتهمل أي سلوك سلبي أو العكس وإنما تقدم تقرير عن الطفل يكون جميعه يحتوي على الحقائق والمعلومات التي تساعد على فهم سلوك الطفل وشخصيته.

خامساً : المعينات الزمنية

المعينات الزمنية طريقة تركز فيها المعلمة انتباهها حول مظاهر مختارة من السلوك خلال فترة معينة وتحدد عدد فترات الملاحظة بهدف الحصول على عينات زمنية لسلوك معين.

ومن المفيد أن تقوم المعلمة بتحديد السلوك المراد ملاحظته حتى تتمكن من عمل سجلات دقيقة من ملاحظتها ويجرى تصحيح لهذه الملاحظات في ظل ظروف الأطفال المتغيرة والتي يكون لها تأثير على سلوكه.

سادساً : الدراما الاجتماعية ولعب الأدوار

يستخدم أسلوب الدراما الاجتماعية ولعب الأدوار ليس فقط لمساعدة المعلمة على فهم الأطفال بل لمساعدة الأطفال على التعرف على حقيقة مشاعرهم ومشكلاتهم فمن خلال التمثيل يعبر الطفل عن نفسه وأفكاره وفهمه لمشاعر الآخرين أي أن يكشف حاجاته ورغبته بحرية وعقوبته فالتمثيل وتقمص الأدوار يساعد المعلمة على فهم كل ما يجول في نفسه والتفاعل معه على هذا الأساس.

مقاييس الأداء وقوائم السلوك

يوجد العديد من الاختبارات التـي وضعت لقياس مـستويات أداء الطفـل في سـن مـا قبل المدرسـة في المجالات المعرفية والنفس حركية والوجدانية وفق بنود محددة على مقياس متدرج تتوافـق مـع مـستوى أدائـه للمهارة.

وأيضاً تقوم هذه الاختبارات بقياس أداء الطفل الحركي والنفسي والعقلي أو الاجتماعـي مـن سـن الثانيـة وعلى فترات لا تقل عن ثلاث أشـهر مـع التـدرج في صـعوبة المهـارة المطلوبـة مـن الطفـل وفقـاً لنمـو قدراتـه ومهاراته. بالإضافة إلى الاختبارات المبسطة غير اللفظية مثل اختبارات الـصح والخطـأ كـأن يضع الطفـل دائـرة حول الصورة الصحيحة واختبارات المزاوجة (توصيل صورتين متشابهتين) واختبارات التصنيف وإكمال السلـسلة ..... الخ.

وكل هذه الاختبارات يمكن أن تحدد مستوى نمو الطفل.

جدول نمو مهارات طفل الروضة (سن 4-6 سنوات)

أولاً :الطفل سن 4-5 سنوات

المهارة	التقويم الأول (قبلى)			التقويم الثاني (مصاحب)			التقويم الثالث (بعدي)		
	نادرا	أحيانا	دائما	نادرا	أحيانا	دائما	نادرا	أحيانا	دائما
مجال نمو المهارات المتصلة بالعضلات الكبيرة									
1- يمشى إلى الأمام وكعب القدم الأمامية يلامس أصابع القدم الخلفية									
2- يمشى إلى الخلف وأصابع القدم الخلفية تلامس كعب الأمامية									
3- يمشى على خط دائري									
4- يقفز للإمام 10 مرات دون الوقوع									
5- يحافظ على توازنه وهو يقف على قدم واحدة لمدة 5 ثوان									
6- يحجل على قدميه									
7- يحجل على قدم واحدة –4 خطوات									
8- يرمى الكرة فوق اليد مسافة 3 أمتار									
9- يتلقف الكرة بذراعين عند الكوع									
10- ينطط الكرة ويتلقفها									
11- يصعد ويهبط السلالم مع تبادل القدمين									
12- يحمل كوبا مملوءا بالماء									
13- يتسلق السلم (جهاز									

التسلق) بفناء الروضة									
14- يقود دراجة ذات ثلاث عجلات حول أماكن صعبة وزوايا حادة.									
15- يتعلق بقضيب مستعرض									
16- ينط الحبل									
17- يثبت لمسافة 60 سم									
18- يهبط على جهاز تزحلق بارتفاع مناسب.									
مجال نمو المهارات المتصلة بالعضلات الدقيقة									
1- يضع أشياء صغيرة في زجاجة.									
2- يطوى ويثنى الورق أفقيا ورأسيا وبميل.									
3- يحاكى بناء بوابة بالمكعبات الصغيرة.									
4- يقص ورقا									
5- يقلد كتابة شارة "+"									
6- يقلد كتابة شارة "المربع"									
7- يضع زرارا في عروة									
8- يقفل ويفتح سوسته									
9- يضع خرزا في خيط									
10- يعمل أشكالاً بالصلصال									
11- يضع بلوكات فوق بعضها البعض									
12- يقص ويلصق بطريقة محددة									
13- يضم الورق بمشبك الأوراق									
14- يتحكم في مسك الأقلام الخشبية وفرشاة الألوان.									

							15- يـستطيع أن يـصب مـن إبريـق في أكواب
							16- يستطيع أن يمسك بملعقة أو شوكة ويأكل بها.

المجال المعرفي

							1- يشير إلى ويسمى من 4-6 ألوان.
							2- يطابق صور الأشياء مألوفة (حذاء/ شراب/ قدم؛ تفاحة/ برتقالة/ موزة)
							3- يتعرف على الشيء الثقيل/ الخفيف
							4- يشير إلى صور الأشياء الطويلة/ القصيرة.
							5- يعد غيباً إلى 10 بتسلسل سليم
							6- يوفق بين الصور التي بينها علاقـة (وظيفـة، جزء/كل، زمن)
							7- يذكر الشيء المفقود
							8- يميز الملمس الصلب واللين
							9- يرسم شخصا به ما بين 3-6 أجزاء يمكن التعرف عليهـا (رأس، ذراعـين، سـاقين ...) ويطابقهـا بأعضاء جسمه
							10- يستطيع التحدث عـن الأمـس أو الأسبوع الماضي، عن اليوم، وعمـا يمكن أن يحـدث غدا
							11- يتعرف على أنواع النقود (5 قروش، 10 قروش)
							12- يشير إلى صور النهار والليل
							13- يتعرف شكل الدائرة
							14- يرتـب الأشـكال مـن الأصـغر إلى الأكـبر وبالعكس
							15- يتعرف شكل المثلث
							16- يميز بالنظر بين الأقل والأكثر (2و4 مثلا)
							17- يتعـرف حيوانـات الـسيرك ويميزهـا

149

									عن باقي الحيوانات المعروضة عليه
									18- يرتب أحداثاً حسب تسلسلها المنطقي من خلال مجموعة صور
									19- يستطيع تتبـع طريقـة في متاهـة بـسيطة التركيب.
									20- يتعلم مـن خـلال الملاحظـة والاستماع للكبار كما يتعلم من خلال الاستكشاف

مجال نمو اللغة

أ- مهارات الاتصال (الاستقبال والإرسال)

									1- يعبر عن معاني الكلمات بالحركة
									2- يذكر استعمال بعض الأشياء المألوفة
									3- يتبع ثلاثة أوامـر منفصلة بالترتيب الـذي أعطيت به.
									4- يفهم بعض الصفات (مثل جميل وأجمـل ..)
									5- يعيد جملة من 12 مقطعاً
									6- يفهم ويتذكر أحداث قصة تحكى له
									7- يجيب عن ثلاثة أسئلة بخصوص الحاجـات الجسمية
									8- يذكر وظيفة الحواس
									9- يعـرف مـما تصنع الأشياء المألوفة ويذكر ذلك لفظياً
									10- يستخدم جملا كاملة (بها فعـل وفاعـل أو اسم وخبر) من ثلاث كلمات أو أكثر
									11- يذكر الأحداث والخبرات القريبة حسب ترتيب حدوثها.
									12- يذكر الضد (عكس الكلمة)
									13- يـستخدم صيغة المؤنث والمذكر بـشكل سليم.
									14- يسأل أسئلة باستخدام: متى؟ وكيف؟ وأين؟ ولماذا؟
									15- يتحدث عن أشياء حدثت في الماضي ويميز بينها وبين الحاضر (المضارع)
									16- يـستخدم جمـلا للتعبيـر عـن علاقـة

بين سبب ونتيجة (لو عملت كذا .. يحصل كذا ..)									
17- يتلاعب بالألفاظ ويخترع بعض الكلمات التي لها أصوات مشابهة لأصوات الكلمات التي يسمعها									
18- يستخدم حروف الجر									
19- ينقل رسالة شفوية من جزء واحد									
20- يستخدم صيغة الجمع بين جملتين									
ب- مهارات ما قبل الكتابة									
21- يحتفظ بالورقة في مكانها باليد الأخرى وهو يرسم أو يكتب.									
22- يرسم بأصابع الألوان مستخدما الأصابع واليد والذراع									
23- يمسك فرشاة الرسم بالإبهام والأصابع بدلا من قبضة اليد									
24- يرسم شخصاً جسمه مكون من جزأين									
25- ينسخ شكل المربع وإشارة									
مجال الاعتماد على النفس وخدمة الذات									
1- يغرف الطعام لنفسه									
2- يلبس الحذاء في القدم الصحيحة									
3- يربط الحذاء									
4- يغسل يديه عند الحاجة دون تنبيه من أحد									
5- يغسل أسنانه دون مساعدة									
6- يطعم نفسه بالملعقة (يمسكها بأصابعه)									
8- ينظف نفسه بعد استخدام الحمام									
9- يغسل وجهه وينشفه									
10- يقطع أطعمه طرية بالسكين									
11- يلبس ملابسه بمساعدة بسيطة (في تزرير الزراير أو عقد الأربطة خاصة في الخلف)									

							12- يعتمد على نفسه في أداء ما يطلب منه من أعمال
							13- يبادر إلى استخدام الألعاب والخامات دون انتظار لتوجيه من أحد.
							14- يعتني بشكله وهندامه
							15- يحافظ على نظافة المكان الذي يتواجد فيه
							16- يعيد الأشياء إلى مكانها بعد الانتهاء منها.
							17- يحافظ على ممتلكاته الشخصية ويسأل عنها عندما يفقدها
							18- يميل إلى النظام في العمل

مجال نمو الشخصية والعلاقات الاجتماعية

							1- يشعر بالاطمئنان والأمان في الروضة (يندمج في الأنشطة بعد وصوله الروضة بعشر دقائق)
							2- لا يزعجه وجود غرباء
							3- يتمتع بالثقة بالنفس في الروضة (لا يظهر خجلا مبالغا فيه)
							4- يطلب المساعدة من الكبار عند الحاجة
							5- يحسن التعبير عن مشاعره وأحاسيسه بدون مبالغة في الانفعال
							6- يميل إلى المرح (غير مكتئب)
							7- يستطيع ضبط غضبه ولا يلجأ لاستخدام يديه أو لسانه (الضرب أو السب) عند الغضب (غير عدواني)
							8- يظهر عليه الهدوء (غير قلق)
							9- لا يعاني من ميل للعزلة أو الانطواء
							10- يظهر الرضا لما يقوم به من إنجاز
							11- يندمج مع الأطفال الآخرين أثناء

اللعب أو العمل.									
12- يقول "شكرا" مقابل خدمة أو مجاملة									
13- يعتذر عندما تصدر منه إساءة لغيره دون قصد.									
14- يقول "من فضلك" "أو "لوسمحت" عند طلب شيء ما.									
15- يلقى التحية عند دخوله الفصل أو أي مكان آخر									
16- يدعو للانتباه إلى ما يؤديه									
17- ينتظر دوره للكلام أو اللعب									
18- يحافظ على القوانين البسيطة في اللعب.									
19- يتقبل التعليمات ويلتزم بها									
20- يظهر اهتماما بالحيوانات الأليفة ويعاملها برفق.									
21- يعرف سنه									
22- يعرف أسماء إخوته									

ثانيا:الطفل سن 5-6 سنوات

المهـــارة	التقويم الأول (قبلى)			التقويم الثاني (مصاحب)			التقويم الثالث (بعدي)		
	نادرا	أحيانا	دائما	نادرا	أحيانا	دائما	نادرا	أحيانا	دائما
مجال نمو المهارات الحركية المتصلة بالعضلات الكبيرة									
1- يمشى أو يقفز بخطى إيقاعية مع الموسيقي									
2- يقف على أطراف أصابع قدمية ويديه على فخذيه									
3- يجرى بخفه على أطراف أصابعه مع حفظ توازنه									
4- يمشى على عارضة التوازن									
5- يحجل لمسافة مترين									
6- يثبت على القدم اليمين والقدم اليسار بالتبادل									

7- ينط الحبل بمهارة									
8- يلمس أصابع قدمية بيديه الاثنتين									
9- يقف على قدم واحدة مع ثنى الذراعين على الصدر									
10- يتقدم تجاه الكرة ويركلها بقدمه									
11- يقفز إلى الخلف									
12- يقفز ويدور									
13- ينطط الكرة بيد واحدة ويتلقفها بيدين.									
14- يقفز فوق عارضة ارتفاعها 20سم عن الأرض.									
15- يرفع جسمه إلى أعلى ويضع ذقنه أعلى القضيب.									
16- يستمتع بأنشطة العضلات الكبيرة مثل الجرى والشقلبة والتسلق باستخدام كل جسمه									
17- يركب الألعاب بالعجلات بسرعة وبمهارة									
18- يشارك في الألعاب الحركية الجماعية مثل المسابقات والرقص الإيقاعي بمهارة									
مجال نمو المهارات الحركية المتصلة بالعضلات الدقيقة									
1- يقص أشكالا بسيطة									
2- يرسم شكل المثلث من نموذج معروض عليه									
3- يتتبع شكل المعين									
4- يلون داخل خطوط									
5- يعمل أشكالا مميزة بالمكعبات									
6- يشارك في اللعب بالأصابع									
7- يحسن استخدام المقص في قطع مربع مثلا									
8- يستخدم الشاكوش والمنشار في أعمال نجارة بسيطة									
9- يلبس ملابسه بدون مساعدة وبسهولة									
10- يمسك القلم كالكبار									

								11- يثبت على استخدام يد معينة
								12- يلصق ويستخدم الصمغ بطريقة صحيحة.
								13- يكعبل مناديل الورق إلى كرة بيد واحدة
								14- يلف الخيط على عمود خشب
								15- يدخل أوراقا مطوية في ظرف
								16- يربط عقدة
								17- يبشر جزرة بالمبشرة
								18- يفتح زجاجة المشروبات الغازية بالفتاحة
								19- يستخدم براية القلم الرصاص
								20- يكتب اسمه الأول

المجال المعرفي

								1- يشير إلى الصورة الأكبر
								2- يشير إلى الصورة الأولى في الصف
								3- يوفق الأرقام من 1-10
								4- يشير إلى المستطيل
								5- يعرف اسم واستعمال الساعة
								6- يشير إلى آخر صورة في الصف
								7- يشير إلى الشيء الذي في الوسط
								8- يقرأ الأعداد من 1-9
								9- يعرف عدد الأنصاف في الشيء
								10- يقول الأعداد التي تلي 8، 3، 6، 9
								11- يدرك مفهوم الصباح والظهر
								12- يتصل برقم تليفون مكتوب
								13- يقوم بتصنيف الأشياء وفق خاصية واحدة (لون، شكل، حجم .... الخ).
								14- يذكر صغار كل حيوان/ طير. حتى لو اختلفا في الشكل
								15- يصنف مجموعة صور إلى صور لحيوانات أو نباتات أو جماد.

16- يطابق شكلا بمثله حتى لو اختلفا في الحجم									
17- يتتبع خيوطا بالاستعانة باللون المميز.									
18- يرتب من 3-4 مجموعات تحوى عددا مختلفا من العناصر من الأكثر إلى الأقل وبالعكس									
19- يدرك العلاقة المكانية: خلف/ أمام، أعلى/ أسفل، يمين/ يسار، باستخدام جسمه أو أشياء مجسمة ماثلة أمامه									
20- يناظر واحدا لواحد لمعرفة الأكثر والأقل ويضيف عددا من العناصر لتصبح المجموعتان متكافئتين.									
21- يعرف حاصل جمع عددين لا يزيد ناتجهما عن (5)									
22- يقرأ بعض الأعداد البسيطة									
23- يتعرف أسماء 3 قطع من العملة									
24- يعد غيبا إلى 20 بتسلسل سليم									
25- يعرف أيام الأسبوع									
26- يكمل ما يبدأ من أعمال ولديه القدرة على التركيز.									
27- يستطيع تفسير بعض الظواهر البسيطة في البيئة المباشرة.									
28- يأتي بأفكار وأعمال مبكرة									
29- يكثر من الأسئلة لفهم ما يدور من أحداث في البيئة									
30- يستطيع أن يصف الجو									

مجال نمو اللغة

أ- مهارات الاتصال (الإرسال والاستقبال)									
1- يشير إلى 8 من أعضاء الجسم.									
2- يذكر تعريف الأسماء الملموسة (أسماء الذوات).									
3- يحكى قصة من كتاب مصور أو									

									صور، بجمل مفهومة وسليمة
									4- تقـترب لغـة الطفل وقواعـدها مـن لغـة الكبار.
									5- يأخذ دوره في مناقشات بشكل مناسب.
									6- يعطى ويستقبل معلومات.
									7- يحـسن الاتـصال بـأفراد الأسرة والأصـدقاء والغرباء.
									8- يستعمل جمع التكسير
									9- يرد على التليفون وينادى الشخص المطلوب به.
									10- ينقل رسالة شفوية من جزأين
									11- يتبع التعليمات المزدوجة بخصوص اليمـين واليسار.
									12- ينشد نشيدة أو يغني أغنية موزونة.
									13- يتعرف شـكل بعـض الكلـمات البـسيطة ويقرؤها.
									14- يحـسن التعبـير الـشفوي عـن مـشاعره وأفكاره.
									15- يبادر إلى توجيه الأسئلة أو الحديث بجمل سليمة مع زملائه أو مع الراشدين.
									ب- مهارات ما قبل الكتابة
									16- يرسم صورة يمكن التعرف عليها
									17- ينقل شكل المثلث
									18- يرسم منزلا بسيطا
									19- يرسم شخصا يتكون جسمه من 6-7 أجزاء.
									20- يكتب اسمه الأول
									مجال الاعتماد على النفس وخدمة الذات
									1- يلبس ملابسه بالكامل دون مساعدة
									2- يمشط شعره بالفرشاة أو المشط
									3- يستحم بنفسه مع قليل من المساعدة.

157

								4- يربط رباط الحذاء مع العقدة النهائية
								5- يستخدم فرشاة الأسنان في غسل أسنانه من تلقاء نفسه
								6- يعد ساندويتشا لنفسه
								7- يقطع الشارع بأمان.
								8- يعتمد على نفسه في اختيار ألعابه وما يحب أن يمارسه من أنشطة
								9- يتخذ قرارات تخصه بنفسه
								10- يقضي وقتا أطول مع الأطفال في مثل سنه مما يقضيه مع الكبار
								11- يقطع الطعام بالشوكة والسكين
								12- يقوم بشراء بعض المستلزمات من طعام أو خلافه من مكان قريب من البيت أو الروضة.
								13- يأوي إلى فراشه بمفرده في الوقت المحدد لذلك
								14- يبدى رغبة في أن يخدم نفسه بنفسه دون مساعدة من أحد.

مجال نمو الشخصية والعلاقات الاجتماعي

								1- يتقبل فكرة مشاركة الأطفال الآخرين له في اهتمام المعلمة.
								2- يحسن التعبير عن اهتمامه بالآخرين أو ميله لهم.
								3- يستطيع مواجهة الشخص الراشد مباشرة خاصة عندما يغضبه.
								4- يحافظ على صداقته بالأطفال الآخرين لفترة من الزمن.
								5- علاقته بالمعلمة وبغيرها من الراشدين جيدة.
								6- يستأذن لدى دخوله غرفة الغير أو لاستعمال أشيائهم.
								7- لا يأخذ ما ليس له ويحافظ على ممتلكات الغير.
								8- يبادر إلى مساعدة الغير
								9- يختار أصدقاءه

					10- يتعاطف مع الآخرين (يفرح لفرحهم ويحزن لحزنهم)
					11- يفضل فكرة اختياره قائدا لبعض الألعاب الجماعية
					12- يتقبل فكرة عدم اختياره لقيادة بعض الأنشطة.
					13- ينتبه لغياب أحد الزملاء ويعبر عن رغبة للسؤال عنه.
					14- يظهر شعور الانتماء لأسرته وفصله.
					15- يظهر اهتماما بما يجرى حوله في الروضة وفي المجتمع
					16- يقدر نواحي الجمال في الطبيعة ويحافظ على نظافة البيئة.
					17- يظهر الشجاعة والجرأة في المواقف التي تتطلب ذلك.
					18- يميل إلى التسامح إذا أساء إليه أحد.
					19- يحرص على قول الصدق
					20- يساعد الكبار في المهام البسيطة.
					21- يعرف موعد عيد ميلاده
					22- يعرف عنوانه بالكامل
					24- يبدى استعدادا للتنازل عن بعض رغباته في سبيل الغير من الأقران والراشدين

الفصل السادس

مشكلات الأطفال اليومية

في مرحلة الروضة

التكيف مع الروضة

مساعدة الطفل على التكيف مع الروضة

أهم مشكلات الطفل في الروضة

الفصل السادس
مشكلات الأطفال اليومية
في مرحلة الروضة

تمهيد

عندما يواجه المربيين والأباء طفلاً يفشلون في فهم سلوكه يقولون إنه طفل مشاكل حقاً، وهنا تكمـن المشكلة فما هو السلوك السوي والسلوك غير السوي، ومتى يمكن أن اعتبار سلوك الطفل مشكلة لـذلك نعتـبره يحتاج إلى مساعدة.

ويمكن القول بأن السلوك المشكل عبارة عن سلسلة من الظواهر المزعجـة تـتراوح بـين التمـرد والغـضب والسعي لجذب الانتباه واضطرابات النوم والتبول اللاإرادي والخوف ورفض المدرسة ولا يوجد تميـز واضـح بـين الأطفال المشكلين وغيرهم فالفروق نسبية وهنا يجب أن نعرف أن الطفل المشكل هو مريض نفسي أو انفعـالي ومن الأفضل أن نفكر في المشكلات السلوكية والانفعالية التي يعاني منها وهي مشكلات تكيفيه ناجمة عن سوء تكيفيه ومع المحيط الذي يعيش فيه وهناك بعض الأساليب في تنشئة الأطفال أكثر احتمالاً لأن تكون فعالـة في حل بعض المشكلات الخاصة التي يعاني منها الأطفال ومع أن من الضروري وجود المزيد من البحـث والدراسـة في هذا المجال وفي أبرز مشكلات الطفولة في مرحلة ما بعد المدرسة وكيفية علاجها من قبل المربين.

التكيف مع الروضة

- ينتقل الطفل بدخوله الروضة من جو الحياة الأسرية المؤلوفه وبقائه إلى جانب أمه وأفراد عائلته حيث القواعد والقرائن المرنة والسلسة بالنسبة له إلى جو آخر جديد يفقد فيه حماية أمه وتختلف استجابات الأطفال تجاه ذلك الجو الجديد فبعض الأطفال يذهب إلى الروضة دون تردد ويحد في دخولها تحول يزيد سعادته ومتعته في مجرى حياته والبعض الآخر يدخلها بتردد ويحدث قلقاً واضطراباً ولاشك أن هناك عوامل فردية كشخصية الطفل وتنشئة الطفلُ وتنشئة واعية من الأمور الهامة التي تساعده على التكيف مع جو الروضة ويعتبر هذا النوع من الأطفال سعيد ويشعر أنه قد تحول تحولاً سعيد في مجرى حياته.

- أما الطفل التعيس والتي ظروف بيئته تفتقر إلى الشروط النفسية الجيدة مثل عدم تمتعه بالصحة النفسية والجسمية فيقبل على الروضة بتردد وقلق.

من الضروري أن ينتبه الوالدان والمعلمة إلى بعض المظاهر السلوكية المصاحبة لمثل هذه لحالة مثل القلق والاضطراب والشكوى الدائمة من العلل الجسمية (الصداع التقيؤ الألم في البطن) بالإضافة إلى بعض السلوكيات الأخرى (رفض الطعام، كظم الأظافر، عض الأصابع) أيضاً اضطرابات النوم وفي بعض الأحيان التلعثم في الكلام وهذه الأمراض تختفي في الأيام التي لا يذهب فيها الطفل إلى الروضة.

مساعدة الطفل على التكيف مع الروضة

إن أهم وأول مشكلة انفعالية تواجه الوالدان والمعلمة هي تكيف الطفل مع بيئة الروضة وبقائه فيها والمعلمة تتحمل المسؤولية الرئيسية في عدم تكيف الطفل لأنها تستطيع معرفة أو تمييز الطفل المكيف مع نفسه ومع العالم المحيط به لأنها تمضى يومياً معه ساعات طويلة والمعلمة لا تدرك حاجات ومطالب النمو في مرحلة الطفولة المبكرة وعليها أن تلاحظ أي اضطراب في سلوك الطفل.

وفي الحقيقة أن سعادة الأطفال في الروضة وتأثرهم بما يتعلمون فيها يتوقف إلى حد كبير

على المعلمة لأنها تعتبر جزءاً مهماً من عالم الطفل لدى دخوله الروضة فالطفل يتأثر بسلوك معلمته وكل ما يصدر عنها من أقوال أو أفعال وتصل إلى درجة أنه يعتبر أن كل ما تقوله المعلمة صحيحاً ويمثل الحقيقة.

- المعلمة لها القدرة على زيادة التفاعل الاجتماعي والفكري عند الأطفال.
- المعلمة لها القدرة على تخفيض القلق والصراع لدى الأطفال.
- يجب على المعلمة أن تضع خطة تعاون بينها وبين والدي الطفل لمساعدة الطفل على التكيف مع الروضة.
- إن أسلوب المعلمة في استقبال الطفل في اليوم الأول من دخوله للروضة يساهم إلى حد كبير في تخفيض قلق الطفل واضطرابه وهناك بعض الطرق الفعالة لمساعدة الطفل على التكيف مع جو الروضة عن طريق التعاون مع والدي الطفل وتجنب أي نوع من الاهتمام بشكاوي الطفل الجسمية أثناء تحضيره للذهاب إلى الروضة ويكون ذلك من قبل الأم والأب.

أهم مشكلات الطفل في الروضة

أولاً: مشكلة الغضب

تعتبر نوبات الغضب من أول المشكلات العدوانية وهي تعتبر أكثر الانفجارات شدة، وتبدأ هذه المشكلة على شكل فقدان السيطرة على النفس ويقوم الطفل خلالها بالصراخ والشتم والتدحرج على الأرض وتكسير الأشياء.

- ويعتبر هذا النوع من النوبات سوياً عادياً إذا صدر عن الطفل في السنة الثانية والثالثة من عمره، وتأتي غالباً عندما يشعر الطفل بأنه فقد أمه ويجب أن يتنبه الأباء وخصوصاً الأم والمعلمة، أن الطفل يلجأ إلى هذه النوبات لحل مشكلاته ولفترة طويلة من الزمن وخصوصاً إذا استسلم كل من الأم والأب والمعلمة لرغبات الطفل الغاضب وهنا قد تصبح هذه النوبات عنده ومشكلة سلوكية خطيرة وخصوصاً أنه قد تعلم كيف يتحكم بمن يحيط به فيبدأ عند أقل موقف بنوبة غضب عنيفة كي يحقق ما يريد.

لماذا يغضب الطفل:

يمكن تحديد أهم دوافع الغضب عند الطفل على النحو الآتي:

- حرمان الطفل أو منعه عما يريد.

- مشاهدة الطفل لوالديه أو معلمته وهم يظهرون نوبات غضب بسهولة.

- تقييد حركة الطفل البدنية ومنعه من اللعب كأن يحشر في مكان لفترة طويلة ولا يسمح له بحرية الحركة.

- عدم قدرة الطفل على نقل مشاعر الانزعاج أو الإحباط التي يشعر بها بالكلام فينفجر في نوبة غضب.

- إجبار الطفل على اتباع بعض العادات والأنظمة التي تحد من حريته وتمنعه من القيام بما يريد.

- عجز الطفل عن القيام بنشاط كمنعه من مشاركة زملاءه من اللعب.

- حرمان الطفل من الحب والعطف والحنان في الأسرة والروضة.

طرق الوقاية:

يمكن للمعلمة أو الأسرة مواجهة الغضب بالاستفادة من الإرشادات التالية:

- حاولي أيتها المعلمة أو أيتها الأم السيطرة على نفسك حين يكون مزاجك سيئاً.

- تأكدي أيتها الأم أن الطفل حصل على كمية كافية من النوم وتناول وجباته في مواعيدها.

- يجب على الأم إعطاء الطفل فرصة للعب بحرية خارج المنزل.

- إحاطة الطفل بالحب والعطف والحنان.

- يجب على الأم والمعلمة معرفة الدوافع الحقيقة إزاء غضبه.

- أن تقوم الأم أو المعلمة بتشجيع الطفل على التعبير عن الانزعاج بطريقة مقبولة اجتماعياً.

- أن لا تلجأ الأم أو المعلمة إلى الصراخ أثناء رفض رغبة من رغباته.

- اشغلي الطفل معظم الوقت بنشاط ممتع بالنسبة له.

- ابتعدي عن إثارة الغيرة بين الطفل وأقرانه عن طريق الموازنة بينهم على مسمع الطفل.

- ابتعدي عن الاعتداء على ممتلكات الطفل أو أدواته أو ألعابه خصوصاً وهو في حالة غضب.

- عاملي الطفل معاملة حسنة يسودها التسامح والصبر.

طرق العلاج:

يدرك الآباء والمربين أنه لا يوجد طريقة مثالية واحدة للتعامل مع نوبات الغضب عند الطفل فقد يلجأ البعض إلى تصرفات خاطئة كنوع من العلاج كأن يصرخ عليه ويفقد السيطرة على نفسه أو يستسلم لمطالبه أو يستخدم العقاب البدني.

ويمكن للآباء والمربين الاستفادة من الطرق المقترحة التالية:

- حين تصدر نوبات الغضب عند الطفل يجب على الأباء أو المعلمة الانسحاب ببساطة من المكان الذي يوجد به الطفل وعدم العودة إلا بعد أن تهدأ نوبة الغضب عند الطفل.

- منح الطفل مكافأة للسلوك الذي يخلو من نوبات الغضب مثل (نجمة، قطعة حلو) أو مدحه لسلوكه الجيد.

- عزل الطفل أثناء نوبات الغضب حتى تنتهي ومن الضروري عدم التعاطف معه أثناء ذلك.

- تشجيع الطفل على التعبير اللفظي عن مشاعره المختلفة.

- الطلب من الطفل الاستمرار في نوبة الغضب دون اهتمام.

ثانياً: مشكلة الكذب

إن الآباء والمعلمة يشعرون بأن عادة الكذب عند الأطفال عادة سيئة جداً، وينزعجون من عدم التزام أطفالهم بالصدق في أقوالهم وسلوكهم، والبعض يلجأ إلى عقاب الطفل عقاباً شديد وهناك فريق آخر لا يهتم للكذب عند الطفل والواقع أن كلا الفريقين متطرف في سلوكه، فالطفل في مرحلة ما قبل المدرسة يجد صعوبة في التمييز بين الواقع والخيال، فقد يتخيل أنه يستطيع أن يؤثر في الأحداث من خلال التطبيق السحري بإرادته عليها، ونجد أن ظاهرة رفاق خياليين من الناس أو الحيوانات تشكل ظاهرة مثيرة للاهتمام عند الأطفال في

هذهِ المرحلة، ويتمتع هؤلاء الرفاق بالحيوية والواقعية كغيرهم مـن النـاس الحقيقيين الـذين يعيش معهـم الطفل، ومن الضروري أن يلجأ الآباء والمربين إلى التوبيخ أو التخويف.

فالطفل يستخدم الخيال كوسيلة لاكتشاف الأوضاع والعلاقات التي تـسبب لهـم القلـق أو التـي يـشعروا حيالها بعدم الأمن.

النقطة المهمة والأساسية التي تتعلق بنمو الخيال السحري عند الطفل هي إدراكه عند تقدمه بالسن بأن الخيال ليس حقيقة على الرغم من انغماسه الكبير فيه.

لماذا يكذب الأطفال:

يمكن حصر أهم عوامل الكذب عند الأطفال بما يلي:

- تقليد الكبار: يتعلم الطفل الكذب عن طريق تقليد الكبار، فقد يرى الطفل الأم تكذب بأن تقول له على سبيل المثال أن يقول للزائرة بأنها غير موجودة وقد تقدم المعلمة للطفل وعـداً بأنهـا سـتعطيه جائزة إذا أدى عملاً معيناً، وإذا قام بهذا العمل لا تقدم له الجائزة، فالطفل يقتدي بالكبار.

- سعة خيال الطفل وعدم قدرته على التمييز بين الواقع والخيال وكثيراً ما يقص الطفل على أمه أو معلمته قصة خيالية على أنها حقيقية بل هي من نسج خياله.

- يدافع الطفل بالكذب عن نفسه ويتجنب العقاب الـشديد فالخوف يجعـل الطفـل يلجأ إلى شتى السبل التي يمكن أن تنجيه من الكذب وأسهل تلك السبل.

- شعور الطفل بالنقص الجسمي أو النفسي أو الاجتماعي يدفعه إلى اتباع الحيل والأسـاليب الملتويـة، ومن أحدها الكذب.

- لحماية الآخرين فقد يلجأ الطفل للكذب في محاولة منه لحماية صديق أو شقيق من العقاب.

- الغيرة الشديدة من أحد إخوانه أو أحد زملاءه في الروضة قد تدفعه إلى إلصاق التهم بالطفل الـذي يغار منه.

- شعور الطفل بعدم ثقة الكبار به، فلا يصدقون كل ما يقوله لذلك تراه يكذب.

- عدم شعور الطفل بالأمن والاستقرار داخل الأسرة نتيجة لوجود علاقات سيئة بين الوالدين أو أفراد الأسرة.
- الرغبة في تحقيق بعض الرغبات التي لا يمكن تحقيقها بالوسائل العادية كأن يطلب من والده لعبة ما، ويدعي أن المربية طلبت منه شراءها.
- رغبة الطفل بإشباع بعض الرغبات مثل ادعاءه أنه قد حصل على لعبة وهو لم يستطيع الحصول عليها بالواقع.

طرق الوقاية:

يمكن للآباء أو المربين مواجهة الكذب عند الأطفال بالاستفادة من الإرشادات التالية:

- يجب على الأسرة أو المربين أن تلتزم بمعايير الصدق، حيث تروي للأطفال قصصاً تناقش القضايا الأخلاقية، وتبين فيها لماذا يعتبر الكذب والسرقة والغش أعمالاً سيئة وتشرك الأطفال بالنقاش.
- يجب تجنب العقاب الشديد الذي يؤدي إلى تنمية الكذب كوسيلة للدفاع عن النفس.
- يجب أن يعرف أن الصدق سلوك مكتسب يكتسبه الطفل من تقليد الكبار، فمن الضروري أن تكون الممارسات صادقة مع الأطفال

طرق العلاج:

إن الطفل المشبع بالحب والحنان والتشجيع والنجاح (الصفات التي ينشأ منها احترام الذات) نادراً ما يحتاج إلى الكذب إلا في حالة ممارسة الحيل ولذلك من واجب المربين والآباء احترام الطفل، وإشعاره بالحب ومحاولة تفهم ذاته، وعندما يلجأ الطفل للكذب وتشعر أن هناك مشكلة يجب أن تعالج ضمن الممكن، ويمكن للمربين والآباء الاستعانة ببعض الطرق المقترحة التالية:-

- معرفة الدوافع الحقيقة التي جعلت الطفل يكذب لكي يتم علاجها.
- عدم اللجوء إلى العقاب (بالضرب أو السخرية) لأنها تزيد من تمسك الطفل بالكذب.
- تدريب الطفل على مشاهدة الوقائع ووصفها بدقة وأمانة ومساعدته على التمييز بين الحقيقة والخيال.

- التزام كل ما يحيط به بالصدق في أقوالهم وأفعالهم.
- عدم جعل الطفل يستفيد من كذبه لأنه إذا شعر بعدم فائدة الكذب فإنه يقلع عنه.
- تنمية شعوره بالمحبة والاطمئنان في الروضة والأسرة.
- توضيح أهمية الصدق، وأن الصادق هو الذي يستحق الاحترام والثقة ويقص عليهم قصص تعزز الصدق.

ثالثاً: مشكلة التلعثم

التلعثم هو التردد والإعادة للكلام والذي يصحبه تقلص في التنفس ناتج عن فشل كلي أو جزئي في انسجام عضلات الكلام ويصحب التلعثم عادة خوف كبير جداً من الكلام، ويكون الطفل غير قادر على الكلام وعندما ترتاح عضلاته من القلق فإنه يستطيع الكلام بكلمات كثيرة، والذي يتبعه تقلص آخر، ونلاحظ أن معظم الأطفال المتلعثمين يتحدثون بطلاقة مع أصدقائهم، أو عندما يكونون لوحدهم ويتلعثمون عند الأشخاص الذين يعتبروهم مصدر سلطة كالآباء والمربيين.

- وبعض أشكال التلعثم مؤقت بين صغار الأطفال ويبدأ من سن 2-4 سنوات، ويستمر أحياناً لبضعة أشهر وهذا ما يدعي بالتلعثم التطوري أو الدائم فيبدأ من سن الثالثة والثامنة ويستمر .. إلا إذا عولج.
- يصاحب التلعثم بعض الأعراض الحسية مثل الحركات المضطربة كاهتزاز الرأس وتصبح عادة بالنسبة له ويصاحب التلعثم تقطيب الوجه واحمرار الشفاه والوجنتين وأرق العينين وتجعد الوجه وبروز الشفاه، وغالباً ما يظهر أنه مختنق في تنفسه أثناء التلعثم وهذه الأعراض تجلب له السخرية من الأطفال الآخرين.

لماذا يتلعثم الطفل ؟

يمكن إبراز أهم أسباب التلعثم على النحو الآتي:

- سبب عضوي مباشر يعتقد أنه خلل في الإدراك السمعي

- إن توقعات المربيين والآباء غير واقعية التي تؤدي إلى ضغوطات على الأطفال ترفع من مستوى قلقهم، فإن تعريض الطفل لموقف الإحراج في محاولة من الأهل للتباهي به كأن يطلب منه أن ينشد أمام الغرباء أو محاكاة الكبار فيشعر بالضعف والخوف ويتلعثم في حديثه.
- شعور الطفل بخلل في بيئته فالتوتر داخل المنزل يعتبر مقلقاً له وبذلك يؤدي إلى التلعثم.
- التذبذب في معاملة الطفل بين اللين المفرط والقسوة الزائدة تجعله ينشأ ضعيفاً لا يتحمل المسؤولية.
- العجلة في الكلام ومعدل السرعة في الحديث من قبل الكبار وهذا يمكن أن يتسبب في تقطيع كلام الطفل.
- الخطأ في التدريب على نطق الحروف من قبل المعلمة أو الأم.

طرق الوقاية:

يمكن للمعلمة الاسترشاد بما يلي:

- لا تجبري الأطفال على تعلم الكلام.
- أن تقوم المعلمة بإشراك الأطفال الذين يرفضون التعلم في المسابقات المختلفة.
- أن تقوم المعلمة أو الأم بتقوية عضلات النطق لدى الطفل عن طريق القيام ببعض الممارسات مثل إشاعة الأنشطة الموسيقية والغناء.
- حاولي أن تعلميه من خلال اللعب كيف يشعر بالثقة عند اتصاله بالآخرين.
- شجعي الأطفال على التعبير عن مشاعرهم واهتماماتهم عند وقوع أحداث مؤلمة.
- لا تحاولي تصحيح التلعثم عند الطفل وإنما حاولي معرفة سبب توتره للعمل على خفض التوتر بالقيام بنشاطات ممتعة له.
- لا تقومي بانتقاد الطفل وإشعاره بالخوف فالمهمة التي يجب فعلها أن تنمي شعوره بالكفاءة بمساعدته على اكتشافه أفضل الطرق لمعالجة المواقف الصعبة.
- عدم القيام باستعجال الطفل البطيء في الكلام أو تصحيح نطق الطفل لأن ذلك يزيد من شعورهم بالارتباك.

طرق العلاج:

يمكن للمعلمة أو الأم مواجهة التلعثم بالإرشادات التالية:

- قبول المتعلثم من المحيطين به يساعد كثيراً في حل مشكلته وأن يشعر أنه مرغوب به اجتماعياً.
- إن تركيز الآباء والمربين على مشكلة التلعثم في بداية تكوينها يمكن أن يكون سبباً في زيادة المشكلة لأنهم بذلك يذكرون الطفل بهذه المشكلة وينشأ عنده خوف من ممارسة الكلام.
- أن تقوم بتشجيع الطفل على لفظ الكلمات بشكل صحيح وعلى تعلم كلمات جديدة.
- جعل المربيين أو الوالدين من أنفسهم قدوة حسنة من ناحية اللغة للطفل.
- أن لا تقومي بلفت انتباه الطفل أثناء كلامه بأنه يتلعثم والطلب منه إعادة كلامه مرة أخرى ولأن هذا الأسلوب يُحدث قلقاً عنده ويجعل كلامه أكثر تلعثماً وتزداد المشكلة سوءاً.
- أن يحترم الأباء والمربيين الأطفال عندما يحاولون إبداء الرأي وأن عدم الاحترام والتجاهل يولد الحيرة والارتباك عند الطفل فلا يستطيع التعبير عن نفسه.
- عدم انتقاد الطفل كلما تلعثم وعدم الإشارة إلى تلعثمه.
- عدم تعريض الطفل للإحراج أمام الغرباء بالطلب إليه بإلحاح أن يغني أو ينشد إذا كان غير راغب في ذلك لأن درجة تلعثمه تزيد بازدياد تعقيد الموقف الاجتماعي.
- هناك بعض الأساليب العلاجية المناسبة وحيث إذا شعرت المعلمة أو المربية أن الطفل بحاجة إلى مساعدة أخصائي فينبغي تبليغ الوالدين.

رابعاً: مشكلة الخوف

الخوف هو انفعال قوي غير سار ينتج عن إحساس بوجود خطر يتوقع حدوثه والمخاوف إما متعلمة أو غزريزية مثل الصوت المرتفع وفقدان التوازن والحركة المفاجئة والأوضاع التي تخيف الطفل بشكل رئيسي، إحساسه بالأمن والغربة والمفاجأة ويخافون من الموضوعات التي لا يتحكم بها مثل (الظلام، الضجيج، الحيوانات، الأطباء).

ويؤدي الخوف في الجانب الإيجابي وظيفة هامة في حياة الفرد فهو يدفعه إلى الحذر أو الهرب من الخطر على حياته، وكثيراً ما يتجاوز هذه الوظيفة فعلى سبيل المثال فنحن نريد من الأطفال أن يخافوا من السيارات ليحذروا منها ولاكن لا نريدهم أن يصابوا برعب قاتل).

لماذا يخاف الطفل ؟

يمكن إبراز أسباب الخوف على النحو الآتي:

- تعريض الطفل لصدمة خوف شديدة (كالتعرض لحيوان) وهذا يمكن أن يكون تعميم الخوف على جميع الأمور.

- استخدام الخوف كوسيلة للتأثير على الآخرين واستغلالهم، كأن يظهر الطفل خوف من الذهاب إلى الروضة وبذلك يحصل على ما يريد ويبقى في البيت.

- الضعف الجسمي الناتج عن سوء التغذية يؤدي إلى شعوره بالعجز وضعف المقاومة ويكون عرضة لتطوير المخاوف وعدم قدرته على التفاعل مع المشاعر والأفكار المثيرة للخوف.

- النقد واللوم والتوبيخ من قبل الآباء أو المعلمة يؤدي إلى شعوره بالخوف.

- القسوة والضغط الزائد الذي يتسم به جو الروضة أو البيت ينشئ طفل خائف من كل شيء يمثل في نظره سلطة.

- الخلافات الأسرية تهدد شعوره بالأمن والطفل الذي لا يشعر بالأمن أكثر تعرضاً للمخاوف.

- يتعلم الطفل عن طريق التقليد فعلى سبيل المثال فإن الطفل الذي يرى أمه تخاف من الحشرات فهو يقلدها.

طرق الوقاية:

يمكن للمعلمة أو الأم الاسترشاد بما يلي:

- حاولي تنمية أساليب جريئة لدى الطفل في تعامله مع البيئة وتشجيعه للتعامل مع الخوف من خلال اللعب والتمثيل مثلاً، تساعده على تجريب طرق مرضية للتعامل

مع المشاعر الجديدة أو استخدام قصص الأطفال التي تصف تعامل الأطفال الإيجابي مع مواقف الخوف.

- يجب ترك الفرصة للطفل للتعبير عن مشاعر الخوف والاضطراب التي يشعر بها ولا تستهتر بمخاوفه.

- لا تعاقبي الطفل من خلال إطلاق عبارات مخيفة فعلا سبيل المثال: (إذا لم تفعل ذلك فسأسلمك للشرطة ليتم حبسك بالسجن).

- تعريض الطفل لمواقف الخوف بشكل تدريجي مثلاً: اصطحاب الطفل لطبيب الأسنان قبل أن يحتاج إلى فحص لمشاهدتها والتعرف عليها).

- يجب أن تكوني نموذج إيجابي عند مواقف الخوف لأن الطفل يتأثر بالطريقة التي تسلكينها بشكل كبير.

طرق العلاج:

يمكن للمعلمة مواجهة مشاعر الخوف لدى الطفل بالاسترشاد بما يلي:

- يجب إبعاد الطفل عن الشيء الذي يخيفه.

- عدم توبيخ الطفل أو السخرية بغرض إثارة شجاعته أو تشجيعه لمواجهة الخوف.

- تعزيز وزيادة ثقة الطفل بنفسه ومساعدته على مواجهة المواقف التي تخيفه.

- عدم مناقشة الطفل بمحاولة إقناعه بأن يترك الخوف لأن هذه الطريقة لا تجدي نفعاً.

- جعل الطفل يقترب من الشيء الذي يخيفه ولكن بمرافقة أطفال آخرين لا يخافون هذا الشيء كخوف الطفل من قطة على سبيل المثال فإن الاقتراب منها مع أطفال ليبعده عن الخوف من هذا الحيوان.

- أن تقوم الأم أو المربية بعرض وسائل تعليمية تقدم فيها الشيء المخيف بالنسبة له بطريقة تدريجية في أثناء قيامه بعمل ممتع بالنسبة له كأن يقدم له الحلوى أمام قفص فيه قط أو كلب ثم تقوم بهذه العملية يومياً مع جعله يقترب من القفص تدريجياً بهذه الطريقة يمكن أن يترك الخوف من الكلب نهائياً.

خامساً: مشكلة السلوك العدواني

يعتقد الآباء والمربيين أن مظاهر السلوك العدواني عند الأطفال هو سلوك سلبي بالرغم من أن بعض المظاهر تحمل دلالة صحيحة وسليمة ولكن إذا كان السلوك العدواني يتخذ طابع العداء والحقد والكراهية فعند ذلك يجب أن تعتبره سلبي ويجب السيطرة عليه.

يعتبر العدوان استجابة طبيعية لدى الأطفال وخصوصاً عندما يحتاج الطفل إلى الأمن والسعادة، أي أن العدوان هو السلوك الذي يؤدي إلى إيذاء الآخرين وقد يكون هذا الأذى جسمياً أو نفسياً، مثال على ذلك (الضرب، رمي الأشياء، الشتم، التشاجر).

قد تكون العدوانية حق طبيعي لدى الطفل وقد تكون مطلوبة وأحياناً ضرورية تساعد على الاستقلال عن عالم الكبار في المستقبل، وعندما يواجه الكبار هذه المشاعر بالقهر ويمنعون أطفالهم من تأكيد الذات فإنه يطور لدى هؤلاء الأطفال شخصية سلبية خائفة حاقدة غامضة وعدوانية فإن المعلمة في هذه الحالة يجب أن تكون حكيمة بأن تتفهم عدوانية الطفل، وتقرر إن كانت طبيعية تقوم بتشجيعها وتوجيهها وصقلها، وإن كانت نابعة من مشاعر سلبية، وعندها تقوم بمساعدة الطفل على تفريغ تلك المشاعر بعد دراسة أسبابها للسيطرة عليها.

أسباب عدوانية الطفل:

يمكن إبراز أهم الأسباب على النحو التالي:

- تقليد الطفل لنماذج سلوك العدوان لدى الآباء أو المعلمين أو الرفاق وغيرهم.
- انتفاع الطفل من عدوانه حين يتم مكافئته بدون قصد من قبل المعلمة أو الأم عن طريق حصوله على ما يريد، لكي يتم إيقاف سلوكه العدواني.
- لجذب انتباه الكبار له.
- لشعور الطفل أنه مرفوض من البيت أو الروضة.
- الضغط الشديد على الطفل في البيت أو الروضة عن طريق فرض نظاماً قاسياً لسلوكه.

طرق الوقاية:

يمكن للمعلمة أو الأم الاسترشاد بما يلي:

- حاولي أن تبتعدي عن فرض أي نظام صارم وقاسي في الروضة أو البيت.
- لا تستخدمي العقاب بجميع أشكاله وخاصة البدني منه.
- يجب أن تقومي باحترام الطفل عن طريق إعطائه انتباهاً.
- اشعري الطفل بأهميته وفرديته أمام الأطفال.
- أحيطي الطفل بالحب والحنان والعطف وثقي به.
- إعطاء الطفل فرصاً كثيرة لممارسة نشاطات حركية يتم خلالها ... التعاون بين المعلمة والآباء وعدم ترك الأطفال بمشاهدة أفلام العنف.
- استخدمي النشاط الفني والموسيقي لتهدئه النزعات العدوانية.

طرق العلاج:

يمكن للمعلمة أو الأم الاسترشاد بما يلي:

- معرفة الأسباب التي أدت إلى المشكلة عن طريق معرفة الأسباب التي أدت إلى العدوانية لديه مثل (عدم تلبية حاجة المحبة والتقبل).
- دراسة المعلمة لبيئة الطفل المنزلية ومركزه في العائلة وسلوكه في البيت.
- التعاون بين الآباء والمعلمة ليتفهموا ما يواجه طفلهما من صعوبات لاختيار الأسلوب الأمثل في العلاج.
- معرفة النواحي الإيجابية في سلوك الطفل لكي يتم إبرازها وتعزيزها.
- إعطاء الطفل الاهتمام والرعاية والحب ودفعه نحو نشاط يحبه وإشعاره بأن له حدوداً يجب أن لا يتعداها.
- تعريف الطفل أن الأدوات والألعاب التي بين يديه للعب والتسلية وليست للتكسير والتخريب.
- تحديد الأمور التي تثير الطفل وتجعله يقوم بسلوك عدواني حتى تساعده على تخطيها قبل أن تشتد.
- تقوم المعلمة أو الأم بتعزيز السلوك الإيجابي لديه مثل (اللعب مع صديق)، وفي كل مرة يلعب مع صديق دون شجار يجب أن يمتدح.

- يجب أن تتجاهل المعلمة التصرفات العدوانية إذا شعرت أن هذه التصرفات تشكل تهديداً على سلامة الآخرين.
- احترام ملكية الأطفال وتعريفهم ما هو لهم وما هو للآخرين لأن معظم المشاجرات تأتي من أخذ أشياء الغير، فعلى سبيل المثال: أن يأخذ الطفل لعبة ليست له.
- يقوم الأطفال بتقليد الكبار ويتأثر بسلوكهم العدواني ولذلك يجب على المعلمة أو الأم التزام الهدوء.
- عدم التسامح مع الطفل الذي يقوم بتصرفات عدوانية مثل استخدام عبارة (يجب أن لا تقوم بضرب طفل على عينيه).
- استخدام العقاب إذا شعرت المعلمة أو الأم أن الطفل يقوم بإعادة تصرفات عدوانية عن طريق منعه من المشاركة في الألعاب لعدة دقائق.
- من المهم عدم ترك الطفل يردد سلوكه العدواني ويتجنب تحمل المسؤولية باستخدام أعذار مختلفة.

سادساً: مشكلة التغذية

الرضيع إذا حصل على حاجاته الأساسية شعر بالرضاء والأمن والحب من الكبار من هنا نشأت علاقة الحب بينه وبين أمه وينتقل الحب إلى باقي أفراد الأسرة، أما إذا كانت الرضاعة غير كافية كنقص مادة الحليب أو عدم إكمال الرضاعة حتى يتمتع الطفل، أو استنشاق رائحة التدخين من فم الأم أو أي رائحة منفرة تصدر عن جسم الأم بسبب تلوث الملابس فإن الطفل قد ينفر من الرضاعة، وخصوصاً إذا اقترن موعدها بشجار بين أفراد العائلة أو أي نوع من الإزعاج أو إذا فطم بطريقة فجائية أو بطريقة مؤلمة له أو إذا أنجبت الأم مولوداً جديداً فإن متاعب الغيرة تبدأ بالظهور وينعكس ذلك على سلوكه ومواقفه من الوالدين، ويلجأ إلى تحديهما عن طريق البعد العمد عن الطعام كلياً أو جزئياً أو يبتعد عن الأطعمة التي يرى أنهما يلحان عليه في تناولها.

طريقة العلاج:

فإذا ظهرت على الطفل مشكلات التغذية من هذا القبيل فيجب على الوالدين أن يعرضاه على الطبيب ليقوم بتشخيص حالته إن كانت المشكلة سببها عضوي أو نفسي حيث ينظر إلى علاقة الطفل بالوالدين هل يهملانه أو يحيطانه برعاية مفرطة تحد من حريته أو

يبالغان في حب ورعاية أحد إخوانه أو بتدقيق في طريقة تناوله الطعام أو عدم التنويع في الأطعمـة أو إجبـاره الأم على أن يتناول الطعام من نوع معين تعتقد بأهميته فعلى سبيل المثال كراهية بعض الأطفال بشرب الحليب لأنهم يجبرون على شربه فمن واجب الوالدين في هذه الحالة أن لا يجبر الطفل أو يلـح عليه حتى لا يستغل ذلك كسلاحاً ضدهما.

سابعاً: مشكلة النوم

يؤدي النوم وظيفة مهمة وحيوية للإنسان لأنه يريح العضلات والأعصاب ويجدد طاقة الخلايا المنتجـة أيضاً النوم يمكّن العقل من إعادة تنظيم خبرات الفرد أثناء يقظته حتى يتمكن مـن استعادة الفكرة المطلوبـة بسهولة عند الحاجة إليها في التفكير وهذا هو أساس الفكرة المبدعة أي أن حصول الطفل على فـترة نـوم كافيـة يساعده على التمتع بصحة جسمية وعقلية سليمة فيجب أن يأوي إلى فراشه في ساعة مبكرة من المساء ويجب على الأم أن توفر له الهدوء والسكينة وجميع الأجواء المناسبة لنومه ولا توقظه قبل أن ينال كفايتـه مـن النوم وأن لا يخرج والديه ويتركانه نائماً في الظلام لوحده ويجب أن يغادر فراشه حاله إيقاظه من النوم.

ومن مشكلات النوم التي يواجهها الطفل في هـذه المرحلـة صعوبة استغراقه في النوم ويتعرض للأرق ويستيقظ بالليل بسبب الأحلام المزعجة وأيضاً من أحد الأسباب جوع الطفل أو عطشه أو مرضه بارتفاع درجة حرارته أو إحساسه بالبرد لخوفه من الظلام ومن المشكلات أيضاً المشي أو الكلام أثنـاء النـوم وبسبب الأحلام المزعجة فيحاول الطفل تحقيق الشيء في الحلم لأنه لا يستطيع تحقيقه في الحقيقة.

طريقة العلاج:

إذا لم يكن في الطفل علة جسمية بسبب هذه الحالة فإن أسبابها ترجع إلى أسباب منزلية ويتم علاجها بمعرفة الظروف التي ظهرت فيها هذه الحالة أول مرة ويجب عرضها على طبيب مختص.

ثامناً: مشكلة التبول اللاإرادي

يصل الطفل الطبيعي إلى ضبط المثانة في السنة الثانية تقريباً إذا لم يستطع التحكم في عضلاته اللاإرادية فينساب البول دون أن يشعر بذلك أو يحلم أنه يتبول في المكان المخصص لذلك وإذا لم يكن هناك أسباب مرضية، فإن هناك أسباب انفعالية هي مصدر ذلك ومن هذه الأسباب:

1- **الخوف:** الذي يشل العضلات اللاإرادية عن القيام بوظيفتها فتبول الطفل رغم عنه كما لو وجد نفسه في الظلام أو خيل أنه يري أشياء مخيفة بسبب القصص التي سمعها أو بسبب تعرضه لحيوان كالكلب أو خوفه من العقاب.

2- **الغيرة:** فالطفل الذي يشعر أنه يغار من أخ جديد ويشعر بعدم اهتمام الوالدين به يحاول لا شعورياً أن يستعيد هذا الاهتمام عن طريق الرجوع إلى طفولته الأولى ومن مظاهرها التبول اللاإرادي لأنه من مميزات الطفولة الأولى.

3- **الفشل:** ويقصد بذلك اليأس والإحباط وفقدان الثقة بالنفس وشعوره بالعجز عن تحقيق شيء يرضى الكبار ويؤدي هذا الفشل إلى التحكم في عضلاته اللاإرادية ومنها القدرة على ضبط الإخراج.

طريقة العلاج:

يتم علاج هذه الحالة عن طريق استرجاع الوالدين لظروف حدوث هذه المشكلة أول مرة والفائدة الكبيرة التي يجنيها الطفل من جراء ممارسة هذه الحالة ثم تغير موقفهم من الطفل وكذلك يجب على الأم أو المربية مراعاة قيام الطفل بالتبول قبل الذهاب إلى النوم وكذلك عدم توبيخه على تبوله اللاإرادي حتى لا يشعر بالنقص.

تاسعا: مشكلة الغيرة

إن قدوم طفل جديد في العائلة يثير غيرة الطفل الأكبر منه سناً وتغير معاملة الوالدين في نظر الطفل يسبب غيره كبيرة لدى الطفل مما يدفعه إلى الاعتداء على الطفل الصغير وإذا تم توبيخه فقد يعمد إلى الاعتداء والتحدي أما إذا كان من ذوي السلوك المسالم فإنه ينطوي على نفسه ويلجأ لا شعورياً إلى الامتناع عن الطعام أو يرى أحلاماً مخيفة أو تبول لاإرادي أو التشبه بالوليد.

طريقة العلاج:

يجب أن يتغير موقف الوالدين من الطفل بزيادة الاهتمام به وإفهامه أن الوليد الجديد هو أخيه وأنه جاء لكي يلعب معه والمهم أن يعرف الوالدين سبب غيرة الطفل الأكبر لذلك

يجب عليهم عمل التوازن بل إشعاره أنه يحب أخيه الوليد لأنه أصغر منه وأضـعف فهـو لا يـستطيع أن يـأكـل ويشرب أو يتكلم وأيضاً مراعاة العدل في شراء الملابس والألعاب.

الفصل السابع

الصحة البيئية للطفل

1- النظافة البيئية للطفل (المنزل والروضة)

2- نظافة الأطعمة والأشربة

3- مكافحة الحشرات والقوارض الناقلة للأمراض.

4- تعقيم المياه والحليب وتطهير الأدوات

الفصل السابع
الصحة البيئة للطفل

إن صحة البيئة ونظافتها أحد العوامل الرئيسية للمحافظة على صحة المجتمع والأسرة عامة وعلى صحة الطفل بشكل خاص، فالطفل هو الأكثر حساسية والأكثر عرضة للأمراض، وبيئة الطفل.

ويجب أن نعطي الكثير من الاهتمام لان النظافة جزء رئيسي من الوقاية، والوقاية خير من العلاج.

أولا: النظافة البيئية للطفل (المنزل،الروضة)

إن نظافة بيئة الطفل تعطي الطفل الكثير من الفوائد وفيها وقاية من الأمراض المعدية.

كذلك توفير له حركة اللهو وللعب في هذه البيئة النظيفة المعقمة، وتعطي أمه وأهله الراحة النفسية وكذلك يجب على أولياء أمور الأطفال متابعة نظافة الروضة وللمحافظة علي نظافة البيت ينبغي تنظيف المسكن أو غسله يومياً، والاستعانة بالمطهرات لتطهير وتعقيم الأرض، وكذلك يجب الاستعانة بمبيدات الحشرات مرة واحدة كل أسبوع، ويجب أن يكون التنظيف شاملاً السجاد، والفراش، وتعريضه للهواء.

ويجب أن تتوفر في البيئة الصحية (البيئة الطبيعية التي تشمل التهوية، الإنارة، والحرارة البيولوجية، وتشمل الكائنات الحية والاجتماعية، وتشمل التعليم، والثقافة، والتربية، والعلاقات الاجتماعية والأسرية) هو الماء النقي، والمسكن الصحي، والبيت يجب أن يكون مناسباً لعدد أفراد الأسرة من حيث الحجم والمرافق والاهتمام بنظافته.

شروط المسكن الصحي:

1- يجب أن يكون فيه مطبخ مناسب وحمامات مناسبة مزودة بشبكة ماء وصرف صحي مربوط بشبكة مركزية لمحطات التنقية.

2- يجب أن يكون جيد التهوية ولا يسمح بمرور الرطوبة من السقف والأرضيات والجدران.

3- يجب أن يكون جيد الإضاءة وتجري له أعمال الصيانة المستمرة.

4- يجب أن يكون موجود خزانات لحفظ الماء مع توفير مكان مناسب للحمامات وكذلك وجود بالوعة وصرف صحي لتسهيل عمليات الغسيل.

5- تتوفر فيه تدفئة وتبريد عند اللزوم مع توفر شبكة الكهرباء وأماكن خاصة لتخزين الوقود وتوفير وسائل السلامة.

6- يجب أن يكون له ممرات منظمة بمساحات مناسبة.

7- عدد الغرف مناسب لحجم العائلة.

شروط البيئة الصحية للروضة

1- يجب أن تكون جيدة التهوية والإضاءة والتدفئة والموقع مناسب.

2- يجب أن تكون ذات مساحة مناسبة 1م لكل طفل في الصف 2م لكل طفل في الساحات العامة والملاعب مناسبة.

3- يجب أن تكون المقاعد مناسبة للطفل من حيث الارتفاع والعرض والأريحية والألوان.

4- يجب أن تكون المياه نقية صالحة للشرب وتوفير حمامات نظيفة ذات صرف صحي.

5- يجب أن تتوفر أماكن للعب يراعى فيها السلامة وعدم إيذاء الأطفال.

كيفية الوقاية من الأمراض المعدية:

طرق الوقاية من الأمراض المعدية:

1- يجب مكافحة أسباب هذه الأمراض.

2- يجب منع انتقال مسبب المرض (مكافحة الحشرات والذباب) في البيئة الموجود بها الطفل

3- يجب زيادة مقاومة الشخص للأمراض من خلال التطعيم والتغذية المتوازية.

4- يجب المحافظة على النظافة ومحاربة الجهل والفقر.

5- يجب استعمال الأدوية والعلاجات الطبية المناسبة للطفل قبل حدوث المرض.

التثقيف الصحي العام:

إن التثقيف الصحي عامل مهم جداً للمحافظة على الصحة عامة والخاصة بالطفل، والتثقيف الصحي والتغذوي ضروري جداً لإبقاء الأطعمة معقمة ونظيفة خالية من الميكروبات ومسببات الأمراض ، ويجب أن يركز التثقيف الصحي على ما يلي:

1- يجب التأكيد على أهمية الرضاعة الطبيعية بالنسبة للطفل.

2- يجب مراعاة أهمية النظافة الشخصية ونظافة البيئة وتعقيم أدوات الطفل وأدوات الرضاعة الصناعية باستمرار.

3- يجب التأكيد على سلامة وصحة مصادر الأغذية الحيوانية، والنباتية، وطرق إعدادها، وتصنيعها وحفظها، ونظافة العاملين بها.

4- يجب تعقيم الأغذية وخاصة تلك الأغذية سريعة التلف كالحليب واللحوم.

5- يجب مراقبة عمليات الإنتاج والتصنيع وعمال الصناعة والتسويق والتخزين والتوزيع.

ثانيا: نظافة الأطعمة والأشربة:

إن المحافظة على نظافة الأطعمة والأشربة، يبدأ من مراحل الزراعة الأولى ومراحل الإنتاج والتسويق، والتخزين والاستهلاك، ولذلك يجب اختيار أصناف النباتات والحيوانات الخالية مـن الأمـراض قبـل البـدء بمراحل إنتاجها. وذلك من خلال فحصها أي فحص البذور قبل زراعتها. وفحص الحيوانات وسلالاتها وفحص الحيوانات قبل الذبح في المسلخ، ومن ثم التأكد من أن جميع هذه المواد مطابقة للمواصفات والمقاييس.

وكذلك يجب التأكد من نوعية الماء المستخدم في ري المزروعات أو المستخدم في التصنيع الغذائي. ومن ثم التأكد من سلامة العبوات، وتكون شروط التخزين والتسويق مناسبة للمادة الغذائية. ويجب أن تسوق المواد الغذائية في أماكن مناسبة لأن الأطعمـة تتعـرض للأتربـة والـذباب ، وقـد تـسبب الكثير مـن الأمراض لذلك يجب مراعاة مايلي:

1- حفظ الأغذية المعروضة للبيع في أواني نظيفة مناسبة للمادة المعروضة، ومغطاة.

2- يجب أن يرتدي باعة المواد الغذائية ملابس نظيفة.

3- عدم مسك المواد الغذائية باليد بل بواسطة أداة نظيفة.

4- يجب أن يتأكد من تنظيف مكان عرض الأطعمة وتعقيمها.

5- يجب شراء الأطعمة من مصادر موثوقه كي تضمن الصحة العامة.

وهناك الكثير من الأمراض التي قد تنتقل بواسطة الأطعمة مثل السل، والفيروسات تـسبب التهـاب الكبد الفيروسي، والطفيليات والديدان، مثل الدودة الشريطية، والسموم الكيماوية، مثل التـسمم بالمعـادن الثقيلة (كالرصاص) وبعض الأطعمة هي سامة.

ثالثا: مكافحة الحشرات والقوارض الناقلة للأمراض:

تسبب تنقل الكثير من الأمراض من البيئة إلى الطفل مثل الذباب والبعوض والقمل والبراغيث وغيرها.

إن أسباب مخاطر الحشرات للطفل تكمن في تواجد الحشرات في أماكن تواجد الإنسان وإفرازها روائح كريهة ولسعها وطنينها ودخولها في فتحات جسم الطفل والأنف والأذن والعين. وامتصاصها للدم ونقلها للجراثيم وإفسادها للأغذية.

الطرق والوسائل العامة لمكافحة الحشرات والقوارض في بيئة الطفل:

1- يجب تحسين صحة البيئة وذلك بتحسين شبكات الصرف الصحي.

2- يجب استخدام المقاومة البيولوجية الطبيعية للحشرات مثل الطيور، أو الأمراض التي تصيب الحشرات في البيئة الخاصة بالطفل.

3- استعمال بعض المواد الكيميائية أو الإشعاعية لتعقيم البيئة الخاصة للطفل.

4- يجب المكافحة بالمواد الكيميائية.

والحشرات المنزلية الموجود في بيئة الروضة كثيرة ، أهمها النمل – الصراصير- البعوض والفئران ولذلك يجب العمل على منع دخولها الروضة من خلال مراعاة الأمور الآتية :

1- نظافة الروضة يومياً وأسبوعياً وبشكل تام ودوري.

2- تجنب ترك فضلات الطعام على المائدة وتنظيف أطباق وأدوات طهي الطعام.

3- تعريض الفراش للهواء والشمس بشكل دوري منظم وتهوية المسكن.

4- وضع شبك للنوافذ والأبواب وسد الثقوب والشقوق في المسكن والروضة.

طرق مكافحة الذباب في مسكن الطفل:

إن عملية مكافحة الذباب تكمن في عدم إيجاد أماكن صالحة لتكاثره ونعني بذلك المحافظة على النظافة وعدم ترك القاذورات ويكافح الذباب بالطرق الآتية:

1- يجب التركيز على النظافة عامة، ونظافة المسكن والروضة والطرقات المؤدية إليه.

2- يجب تنظيف وتعقيم الدورات الصحية والمراحيض بشكل دائم في البيت والروضة.

3- يجب استخدام المبيدات الحشرية والأوراق اللاصقة والمعقمات للأرض داخل الروضة.

4- يجب تغطية الأطعمة وحفظها بالطرق والأماكن الصحيحة.

5- يجب استعمال الأغطية للوجه وخاصة للأطفال أثناء النوم.

6- يجب استخدام الشبك للأبواب والشبابيك حتى تتضمن حماية الطفل.

طرق مكافحة البعوض وإبادته من محيط الطفل:

إن عملية مكافحة البعوض تكمن في القضاء على أماكن تكاثره لذلك يجب ردم البرك والمستنقعات أو صب زيت البترول في الترع لإبادة بويضاته ومنع تكاثره. وتشمل طرق إبادة البعوض مايلي:

1- يجب وضع قليل من زيت البترول والكاز في البالوعات والمصارف المنزلية.

2- يجب استعمال المبيدات الحشرية مثل الفلت.

3- يجب تدخين المنزل أو الروضة بغاز 50_2 ولكن يجب الحذر عند استعماله ولزوم تهوية المكان أو الروضة.

طرق مكافحة الصراصير أو إبادته من محيط الطفل:

1- يجب إحكام إغلاق البالوعات والمراحيض وخاصة في الليل في البيت والروضة.

2- يجب وضع قليل من الكاز في البالوعات والمراحيض بعيد عن متناول الأطفال.

3- يجب استعمال محاليل ومساحيق مكافحة الصراصير الجاهزة.

4- يجب وضع كرات من الدقيق المعجون بالبورق والسكر في المكان الذي يكثر فيه الصراصير وهذا عند عدم وجود الأطفال في المكان.

طرق مكافحة البق وإبادته من محيط الطفل:

1- تنظيف الوسائد والأغطية بفرشاة لإزالة بيوض البق وغسل الشراشف بالماء الدافئ، كما يمكن استخدام الكاز لمسح أماكن تكاثر البق في البيت والروضة.

2- تطهير المسكن والأثاث ومراعاة عدم وجود الأطفال.

3- وضع أكياس صغيرة من الشاش المحتوي على مقدار مـن الفلفـل الأسـود والـشطة والكـافور في زوايا الحشايا في أوقات عدم وجود الأطفال .

4- يجب رش أماكن تواجد البق بأحد المساحيق الجاهزة وتكون بعيدة عن الأطفال.

طرق مكافحة البراغيث وإبادتها:

1- عدم تربية الحيوانات في المسكن أو بالقرب منه وغسل مسكن القطط والكلاب بالمـاء الـساخن والصابون .

2- غسل السجاد لإزالة البيوض، وتعريضها للشمس في مكان بعيد عن وجود الطفل.

3- استعمال الكاز في غسل الأرضيات والجدران والأثاث، ويمكن رش مسحوق كيتنج.

طرق مكافحة النمل وإبادته من محيط الطفل:

1- يجب عدم ترك الفتات وبقايا الأطعمة على الموائد أو على الأرض في البيت أو الروضة.

2- يجب رش بيوت أو ثقوب تواجد النمـل بمـسحوق فلوريـد الـصوديوم في أوقـات عـدم وجـود الطفل.

3- وضع محاليل سامة حلوة في أماكن تواجد النمل كمصيدة في أوقات عدم وجود الأطفال.

4- دهن حوامل أرجل الأثاث بالكاز.

طرق مكافحة العثة وإبادتها:

1- تعريض الملابس الشتوية والصوفية والبطاطين والسجاد للشمس والهواء وتنظيفها بالفرشاة.

2- غسل الملابس جيداً وتطهيرها وكيها ثم حفظها بالطريقـة الـصحيحة فالنظافـة التامـة وتعـريض الملابس للضوء والهواء والغلق المحكم يمنع تكون العثة.

189

طرق مكافحة القمل وأبادته من رأس الأطفال:

إن طرق مكافحة القمل تتلخص بغسل الرأس بمحلول DDT وغسل الرأس بانتظام مع مراقبة شعر روؤس الأطفال دائماً للتأكد من عدم وجود قمل أو بيض له في رؤوس الأطفال.

رابعا: تعقيم المياه والحليب وتطهير الأدوات الخاصة بالطفل:

إن الماء والحليب من ضرورات للحياة وخاصة للطفل ومن صفات المياه الصالحة للشرب، أن تكون نقية خالية من الشوائب ، شفافة عديمة اللون والطعم والرائحة.

ويجب أن نعرف أن العوامل التي تسبب تلوث المياه هي :

1- التلوث الناتج عن الاستعمال السكاني والتجاري القريب من أماكن تواجد الأطفال.

2- التلوث الناتج عن فضلات المصانع ووسائل النقل المختلفة وقربها من الروضة.

3- التلوث الناتج عن الطاقة الإشعاعية المستعملة في الكثير من الصناعات والتي تكون قريبة مـن تواجد الأطفال.

تنقية الماء – أهمية تنقية الماء:

إن تعدد مصادر الملوثات وتعدد وتغير طبيعة المواد الملوثة أدت إلى طرق تنقية المياه والتي نجملها فيما يلي:

1- **ترسيب المواد العالقة :** وذلك بوضع الماء في أحواض بعمق معـين (2.5)م لمـدة مـن الـزمن عـدة أيام.

وإذا أردنا التخلص من بعض الروائح والطعم غير المرغوب فيه يمكن استعمال الكربون المنشط.

2- **عملية الترشيح:** وذلك للتخلص من بقايا المواد العضوية وغـير العضوية والمرشـحات أنواع مختلفة:

فلترشيح المياه ذات التعكـر البسـيط يمكـن استعمال مرشحات بطيئـة مكونـة مـن

190

طبقات من الرمل والحصي وهناك مرشحات حديثة سريعة الترشيح قد يستخدم بها التفريغ.

3- **التطهير والتعقيم:** إننا بحاجة للقضاء على الميكروبات الموجودة فيها، ولعل أبسط طريقة يمكن استعمالها في المنزل هي غلي الماء. إن غلي الماء لمدة 5-10 دقائق يقتل معظم الميكروبات والطفيليات.

وتتم عملية التعقيم الجيد بطرق منها:

1- التعقيم باستخدام الكلور حيث يستخدم 0.5-0.250 غم لكل م^3 من الماء وفي حالات انتشار الأمراض يمكن أن تصبح الكمية 1غم/م^3.

2- كذلك التعقيم باستخدام المسحوق القاصر هناك مساحيق قاصرة يمكن استخدامها لتعقيم الماء وذلك بإضافة معلقة لكل رطل ماء ثم تمزج جيدة، وبعدها تأخذ من هذا المحلول المجهز 10-10نقطة منه لتعقيم أي رطل ماء قبل استعماله.

3- التعقيم باستعمال الأوزون، يمكن استخدام الأوزون (O_3) لتعقيم مياه برك السباحة لعدم تأثيرها علي الأغشية المخاطية لذلك فهي مفضلة على الكلور في هذا المجال.

تعقيم الأدوات وتطهيرها:

1- إن الغلي العادي للأدوات لا يؤمن التعقيم الكافي إلا إذا أستمر الغلي أكثر من 15 دقيقة.

2- يمكن استعمال الأدوات البلاستكية التي تتلف بعد استعمالها مرة واحدة.

3- تعقيم الحليب ضروري جداً للمحافظة على الحليب وعدم إفساده، وللمحافظة على صحة الطفل ....

ومنزلياً فإن غلي الحليب هو طريقة جيدة وكافية للتأكد من سلامة الحليب وللمحافظة علي صحة الطفل والأسرة ويفضل أن تجري عملية غلي الحليب في حمام مائي أي تسخين الحليب بطريقة غير مباشرة للمحافظة على القيمة الغذائية للحليب.

ولتعقيم الحليب يجب مراعاة مايلي:

1- يجب أن تكون الحيوانات المنتجة للحليب سليمة الجسم (غير مصابة بأي مرض).

2- يجب أن يكون عمال الحلب والتصنيع نظيفين وغرف الحلب نظيفة أيضاً.

3- يجب أن تكون بيئة تربية الحيوانات نظيفة لكي ينتج حليب صحي.

4- يجب أن تكون أدوات الحلب والنقل نظيفة.

5- يجب أن تكون أجهزة البسترة والتعقيم صالحة وجيدة مع التأكد من صلاحيتها.

6- يجب أن تكون عبوات التعبئة ذات مواصفات ممتازة تتناسب مع شروط الصحة العامة.

7- يجب أن تكون ظروف التخزين جيده حتى لا تفسد الحليب.

المراجع

1- د. هدى محمود الناشف 93 " استراتيجيات التعلم والتعليم في الطفولة المبكرة ". ط: الأولى، دار الفكر العربي، القاهرة ص. 308-315.

2- محمد عبد الرحيم عدس ورفيقه، 1983 " رياض الأطفال " ط3. دار مجدلاوي للنشر والتوزيع عمان.

3- الدكتور نبيل عبد الهادي، النمو المعرفي عند الطفل.

4- الدكتور علاء الدين كفافي ، رعاية نمو الطفل.

5- الأشول عادل عز الدين، علم نفس النمو.

6- أحمد بلقيس ، توفيق مرعي، سيكولوجية اللعب.

7- محمد عبد الرحيم عدس ، عدنان مفلح ، رياض الأطفال .

8- تأليف: شارلز ستفر ، مشكلات الأطفال والمراهقين وأساليب المساعدة فيها، ترجمة: د. نسيمة داود ، د. نزيه حمدي

9- الأستاذ الدكتور سهير كامل أحمد ، أساليب تربية الطفل بين النظرية والتطبيق.

10- تأليف: هيفاء أبو غزالة ، أحمد بلقيس ، عبد الفتاح أبو معال، رباب الشيخ ، ليلي الصايغ.دليل المعلمة لمرحلة رياض الأطفال

11- سعد مرسى أحمد ، كوثر حسين كوجك ، تربية قبل المدرسة.

12- عبد الرحمن جوزال ، إعداد الطفل للكتابة.

13- رضوان محمد محمود ، الطفل يستعد للقراءة.

14- د. أيمن سليمان مزاهره ليلي حجازين نشيوات، ليلي عبد الرؤوف أبو حسين ، مبادئ صحة الطفل وتغذيته.

16- د. أحمد محمد الزعبي، علم نفس النمو (الطفولة والمراهقة) الأسس النظرية والمشكلات وسبل معالجتها.